陈红兵

著

寻找文创
执行力

中国科学技术出版社

·北 京·

图书在版编目（CIP）数据

寻找文创执行力 / 陈红兵著 . — 北京：中国科学
技术出版社，2023.4
ISBN 978-7-5046-9948-0

Ⅰ . ①寻… Ⅱ . ①陈… Ⅲ . ①文化产业－产业发展－
研究－中国 Ⅳ . ① G124

中国国家版本馆 CIP 数据核字（2023）第 028786 号

策划编辑	申永刚　刘　畅　宋竹青	责任编辑	刘　畅
封面设计	今亮后声·郭维维	版式设计	蚂蚁设计
责任校对	吕传新	责任印制	李晓霖

出　　版	中国科学技术出版社
发　　行	中国科学技术出版社有限公司发行部
地　　址	北京市海淀区中关村南大街 16 号
邮　　编	100081
发行电话	010-62173865
传　　真	010-62173081
网　　址	http://www.cspbooks.com.cn

开　　本	880mm×1230mm　1/32
字　　数	172 千字
印　　张	9.5
版　　次	2023 年 4 月第 1 版
印　　次	2023 年 4 月第 1 次印刷
印　　刷	北京盛通印刷股份有限公司
书　　号	ISBN 978-7-5046-9948-0/G·997
定　　价	79.00 元

序

文化产业发展更依赖政府扶持还是市场推动？关于这一问题的争论往往会囿于理论层面。但在现实领域，聚焦于当下的产业实践和实体运营，更关键的问题是，谁能用好政策？如何推动政策？怎样把文化产业做大做好，生产出炙手可热的产品？时下，文旅主题公园、博物馆文创、电影、话剧、网剧、游戏、音乐剧以及众多的创意衍生品，让人们乐于消费，享受其中且乐此不疲。通俗点说，成功的文化产品要融入人们的工作和生活之中。这也正是本书的核心观点：文化是个好生意。

文化产业创意性强、产业附加值和融合性高、吸纳劳动力的能力强，在中国已迅速成为重要的支柱性产业。

2009 年，当我国提出要让文化产业成为国民经济支柱性产业时，很多人并不理解。支柱性产业意味着要有占 GDP（国内生产总值）5% 以上的产出，而当时文化产业产出不足 GDP的 2%。我们的电影、戏剧、出版、演出等行业都不怎么景气。然而 12 年时间过去，中国的实践让一个支柱性产业树立了起来。

任何产业的高速发展，离不开领航人以及从业者的奋进，更离不开政策背景和市场需求。在每个重要阶段，国家都对文化产业发展明确了道路方向。例如，2007 年提出"提高国家文化软实力"，2011 年提出"建设文化强国"，"十四五"规划更是明确提出"健全现代文化产业体系"。与此同时，随着人们生活水平的逐步提高，对电影、电视剧、动漫、出版、演艺以及文化旅游等产品的需求都非常旺盛，同时文化产业领域结出的丰硕果实也不断丰富着人们多样化的生活。这些都为中国文化产业注入了强大的发展动力，推动着文化产业高歌猛进，百花绽放。

文化产业的核心在创意，创意的核心在执行的机构和带头人，而文化基因、商业模式和产业逻辑的运营组合是文化生意的核心密码。文化基因和商业模式的融合是关键中的关键，仅仅羡慕迪士尼、好莱坞、百老汇、伦敦西区等西方的成功范式，仅仅进行模仿式创新，在文化产业中行不通。虽繁花盛开，却朝荣暮落。中国的一批先行者在进行各种尝试之后开始反思。孩子应是自家的好，对于文化产业与文化创意执行，中华民族的文化基因才是我们习惯的思维、审美的偏好、欣赏的方向。依存于中华民族语言的魅力以及共同的精神图腾和集体的精神财富，这样的积淀产生的故事模式和演绎色彩才是我们的最爱，而这也是不同于世界上的其他文化和文明，真正具有吸引力的。正所谓"越是民族的越是世界的"。

本书的第一个足迹落在极具创意的主题乐园行业，华强方特和宋城演艺用中国文化基因为主题公园的梦想插上翅膀，在中华大地起飞。无论是科技、IP，还是"宋城千古情"的精彩演出，其创意核心都是数千年中华文明滋养积淀的中华优秀传统文化。第二个足迹是"遇见中国动漫"，从《喜羊羊与灰太狼》到《熊出没》以及众多投身动漫产业的公司和有识之士，从《阿凡达》到《冰川时代》再到《功夫熊猫》尝试寻找中国动漫的世界语，思绪飞扬，近身体验。这场历时三年的对话，映照着中国动漫产业起飞时刻的姿态，令人印象深刻，值得久久深思。第三个足迹落在中华大地璀璨夺目的"两城一院"。打开故宫博物院的大门，长期沉睡的文化遗产开始"活起来"，镌刻着中华历史文化的记忆，走出故宫大院，走进人民的生活，走向世界各地。上海文化的"时空之旅"带着中华文化自信自强的烙印，向世界讲述中国故事，传播中国声音，展现可信、可爱、可敬的中国形象。西安"经营城市"的智慧既基于地方文化特色，也是对中华传统文化的保护传承与创新发展。第四个足迹踏入 2015 年的中国电影市场，这场合力加速度创造的巅峰时刻，虽"虚胖"却振奋人心，让我们看到中国电影产业在"文化强国"中发挥着不容小觑的力量。第五个足迹踩在离地三尺三的演艺舞台，从几千年前走来的中国传统演艺，带着中华民族的文化基因，在中国式现代化道路上绽放出全新的光彩，从黄金时刻迈向黄金时代，在世界舞台以"走出去""请进来"为剧本，演出一台"民族复兴、文化现代化"的精彩大戏。第六个足迹尝试撬动文化产业的版权金山。版权是文化产品的合法所有权，也是文化产品的价值能够变现的关键。在中华民族伟大复兴的新征程中，文化的繁荣发展带来了文化产品的大量生产，同时也产生了侵权乱象。中国的版权保护虽然起步较晚，却在新的经济环境推动下快速发展，为文化产业高质量发展保驾护航。第七个足迹也是本书见证的最后一个足迹，落在了文化资本领域，观照的是文化产业"筹钱的水平，用钱的本领"。

回望，是为了更好地前进。

时间来到2022年，习近平总书记提出"推进文化自信自强，铸就社会主义文化新辉煌""繁荣发展文化事业和文化产业""增强中华文明传播力影响力""建设社会主义文化强国"，为中国文化发展指明了方向，也为文化产业领域开启了新的破题思路。

道理之下，生意之上，是可持续运营得到市场、资本、消费者、从业者等普遍认可的变现、落地能力，也就是文化创意执行力。破题之点在创意，在文化。当本书一帧一帧地梳理中国文化产业过去三十多年的经典瞬间、经典事件，触摸到的是中国文化基因的力量，是文化创意执行力的践行。但同时，也应当看到我们对中华优秀传统文化资源的挖掘和汲取还不够细致，对中华文明的挖掘、保护、传承和利用还不够重视。中华文明源远流长、博大精深，是中华民族独特的精神标识，是当代中国文化的根基，是维系全世界华人的精神纽带，也是中国文化创新的宝藏。未来大有可为，需要的只有专心和耐心。

最后，祝愿中国文化产业迈上高原，探索新的高峰，绘就"文化现代化"的新画卷。

刘俏　北京大学光华管理学院院长

对执行力的忽视和执行力本领的欠缺是当下中国产业竞争中最吃劲的短板，在文化创意产业问题中尤其突出。当我们羡慕世界发达国家文化产业成熟的模式和厚实的基础，以及常常有值得媒体和业界传播的典范和案例的时候，其实这些都与文创执行力有关。

业界曾经流传着这样一则笑话：某些股评专家竟然没有股票账户，也没有实际操作过股票交易。业界也有这样的传奇：《喜羊羊与灰太狼》的创始公司曾经差点倒闭，但到了上海这个文化大码头后，却火到爆棚，基于电视动画片打造的首部中国动漫贺岁电影《喜羊羊与灰太狼之牛气冲天》创造了票房奇迹，600万元的投入竟然取得了9000多万元的票房。尽管业界有人认为这部片子只是二维的Flash动画，根本不入流，甚至都不能算作动漫电影，但市场投了赞成票。

这其中最值得分析的就是执行力——文化创意的执行力。

都说市场经济是版权经济、知识经济，但把版权和知识变成消费品让民众分享、共享就需要一个执行力的系统。"喜羊羊与灰太狼"的版权和创意如果没有上海"文化大码头"的执行力加持，就不会成功和火爆。纵观我们的文化产业，其实有很多优秀的 IP 以及创意人才，但在把创意变成满足百姓生活需求的消费品的执行力层面欠缺太多。因为缺乏创意执行力的体系和基础，好多创意者被限制在或者困在创意孤岛之上，而执行世界纵横捭阖的江湖风云是个大学问，也是激活创意、繁荣文化市场的核心利器。

黑夜给了我黑色的眼睛
我却用它寻找光明

这句 20 世纪八九十年代曾风靡一时的诗句，当时很多人都挂在嘴边，入脑入心，共情共享，活学活用。它的题眼在"寻找"二字，今天的文化产业就是要接续这种寻找。当年的群情传颂其实就是大众用自己的注意力购买了诗句的魅力、影响力以及价值。文化产品的消费属性不是排他而是利他，一个苹果被购买、消费只有一个人获益，但一句诗、一部电影，有越多人消费价值就越大。一种文化创意在传播中走红，靠的是文化创意本身。

寻找文创执行力的过程也是正视我国文化产业发展情况的过程。有些人对国内文化产业持消极态度，从数据和现实情况来看，我们和一些发达国家确实存在许多差距，有些人就表现出妄自菲薄的倾向，对文化产业的发展失去信心。其实从产业发展的角度来看，一个社会各行业的整体水平是相对平衡的。正如鲁迅先生所说，人不可能拽着自己的头发离开地面。我国芯片产业和世界尖端水平的差距，农业效率和世界高水平的差距，甚至中国足球和世界一流球队的差距都可以在这个逻辑上找到解释。其实我们对半导体理论和技术的掌握程度并不落后，芯片设计水平也紧跟先进水平，但是在制造环节我们欠缺太多，如ASML7纳米光刻机等工具装备，还有这种级别的设备所需要的耗材以及制造这些高品质耗材的设备和材料，如高端光刻胶等。就连我们似乎相对熟悉的农业生产，整体水平和发达国家也有相当差距。我国的奶牛平均一头年产奶量为15吨，荷兰为22吨；我们玉米的平均亩产量不到450公斤，美国的平均亩产量却有750公斤左右。这些差距背后是一个产业体系的竞争。这就和我们常常说起的文化产业一样，我们一部大片的赢利水平和美国大片的赢利水平相比，我们的主题公园和美国的迪士尼乐园相比，我们的《功夫传奇》和美国的《妈妈咪呀》相比，不只是最终产值利润和规模的区别，也是一个复杂立体的体系的差距。太阳马戏团可能最能说明问题，其中八九成的演员和创作人员都是中国的，但在太阳马戏团的体系里，市场价值远远超过这些人在中国团体里所能达到的高峰。

因此做好中国的文化产业，需要在系统的各个层面都有扎实的功底，都要有创新，都要有文创执行力。这些执行力是智慧、是协同、是理念，也可能是创新的路径。《狮子王》的动画总设计师曾对我说过，目前国内动漫学习皮克斯或者好莱坞的方法值得商榷，甚至学习的心态和目的都可能是错误的。当年他创作《狮子王》时，投资人给他的任务是带着百十人的团队想出老狮子的100到200种死法，然后创作故事。这种决策和操作是超高执行力的外部表现。在这类市场判断和产业运作方面还有许多我们不熟悉的规律，可能因为经验不足或者胆识不够，往往会错过市场和资源。曾有一位出身房地产，后创立了一家动漫公司的老板，金融危机时，一个创意人要卖给他一个创意。他拿到一看，就是一张白纸上画了个圆圈，对方说这是一颗松果，开价5000万元，可以做成一个剧本。这位老板怎么都觉得不值，也不熟悉他们的实力、本领和行业规律。结果几年后，冰河世纪系列动漫问世，风行天下，开头最抓人的就是松鼠和松果的冒险历程。送到门上的生意都有可能丢掉，这就是我们需要提升整体文创体系的地方。如果我们有市场分析机构，有相当水平和数量的创意公司，有制作公司，有衍生品开发公司，也许就能吃下这笔买卖。

正如现在，中国作为"基建狂魔"，几乎没有什么工程项目是我们接不下的，没有什么工程是我们赚不了钱的，原因就是我们从材料、技术到金融服务都有庞大的建筑体系支撑。而文化产业正在经历类似于建筑业的成熟过程。回想中国的优势产业在改革开放中的发展历程，有多少创新性人才，有多少创新性实验，又有多少执行力的成败历练。因此，做好文化产业需要从生意、从商业的本源来思考。

一直以来，"文化是个好生意"的想法总在我的脑海中浮现，总是在规划各种各样的观点和思路。站在中国式现代化和建设文化强国的历史性时刻，回望中国文化产业在体制改革推动下繁荣发展的30多年，有收获亦有遗憾。走过的路都会留下足迹，我希望以一个旁观者的身份去观照那些足迹，经验也好，教训也罢，书写成文字，为未来提供参考。向历史要经验，向传统要智慧。

目录

第 1 章

主题公园：文化产业梦想的福地

在需求旺盛的中国消费市场中，文化属性的消费品短缺是最为显著的市场特点，在以自然风景、游乐设施为主的传统旅游业中，这一表现尤为明显。随着上海迪士尼乐园和北京环球度假区的火爆，中国旅游业开始对带有极强文化属性的主题公园争相追捧，梦想着一朝翻身。然而，在这条你追我赶的路上，小胜从不缺席，大败比比皆是。

世界第一个现代意义上的主题公园是 1955 年建于美国加利福尼亚州的迪士尼乐园。20 世纪 80 年代，迪士尼乐园、环球影城已经在全球范围内进行复制，成为主题公园领域的霸主。和发达国家相比，我国的主题公园萌芽于 20 世纪 80 年代末，起步较晚。经过 30 多年的发展，经历了从宏观文化到特色文化、从文化古迹到文化 IP、从模仿复制到原创开拓、从单一主题到多元化多业态组合的过程。与此同时，随着中国全面打赢脱贫攻坚战，全面迈进小康社会，中国人民在休闲游乐、文化体验方面的消费需求和消费能力不断提升，我国主题公园消费市场日趋成熟并持续活跃。

2022 年 3 月 16 日，中国社会科学院发布的《旅游绿皮书：2021—2022 年中国旅游发展分析与预测》显示，中国已成为全球最重要的主题公园市场。据不完全统计，中国已累计开发主题公园旅游点近 3000 个，其中总占地面积 600 亩及以上或总投资 15 亿元及以上的大型和特大型主题公园有 93 家。

与飞速发展相伴而生的是中国主题公园整体发展水平参差不齐，不少主题公园存在概念不清、盲目模仿、缺少规划和特色等问题。2018 年 3 月，国家发展改革委等五部委联合发布《关于规范主题公园建设发展的指导意见》，从国家层面规范了主题公园的定义、等级划分等概念，还对新时代主题公园的创新和健康发展提出了指导性意见，要求从丰富文化内涵、提高科技含量、壮大市场主题三个方面提升主题公园质量。在政策指引下，以"文化"为核心竞争力的主题公园如雨后春笋般出现，成为主题公园产业的新生力量。

在这股新生力量中，有两个值得关注的范例——创建于杭州的宋城演艺和发迹于芜湖的华强方特。这两个主题公园的总部都在省会城市，最显著的特点是都植根于中国文化的沃土，都在消费的殷实频段避开了超大城市的高端竞争。它们都是近似连锁的自营系列店铺，城市的阵营都在 10~20 个，每年吸引的游客数量都在 3000 万人次以上，每年的利润都在50 亿 ~100 亿元。但是，它们的定位却不同，宋城演艺以"千古情"系列活跃在著名景区，华强方特以儿童乐园的形象潇洒在一大批二线名城。在竞争激烈的主题公园领域，定位是否准确是它们成功的关键。这两家根植于中国本土的主题公园的成功密码到底是什么？我们希望从它们的发展过程中探寻值得参考的注脚。

宋城演艺的"新马帮之路"

2019 年 3 月 14 日，文化和旅游部出台了首个促进旅游演艺发展的文件《关于促进旅游演艺发展的指导意见》，其中强调着力推进旅游演艺转型升级、提质增效，充分发挥旅游演艺作为文化和旅游融合发展重要载体的作用，标志着旅游演艺正式作为一个新颖的文旅融合业态得到国家层面的重视。

我国旅游演艺行业最早源于 1982 年为外事接待由陕西歌舞剧院推出的《仿唐乐舞》。1995 年，华侨城为了提升景区吸引力，推出了《中华百艺盛会》等大型广场演艺节目，之后世界之窗、宋城演艺等纷纷入局。2004 年，梅帅元邀请张艺谋一起制作并落地的中国第一部山水实景演出《印象·刘三姐》开演，标志着实景演出登上旅游演艺舞台。旅游演艺行业由此进入井喷式增长阶段，尤其是 2013—2017 年，可谓是我国旅游演艺行业的"黄金发展期"，旅游演艺节目台数从 187 台增加到 268 台，增长了约 43%；旅游演艺场次从 5.33 万场增加到 8.58 万场，增长了约 61%；旅游演艺观众人次从 2789 万人次增加到 6821 万人次，增长了约 145%；旅游演艺票房收入从 22.6 亿元增长到 51.5 亿元，增长了约 128%。

经过 30 多年的发展，全国形成了一批有实力的旅游演艺品牌，其中的"千古情""印象""山水""长隆"合计占据全国市场的 60% 以上，而宋城演艺的"千古情"系列以 30% 以上的占比居于绝对龙头地位。

2010 年，"宋城股份"在深交所上市，成为中国演艺第一股，宋城演艺也由此进入飞速发展阶段。宋城演艺年报显示，2011—2018 年营业收入年均复合增长达 28%，业绩年均复合增长 29%；2014—2018 年整体毛利率一直在 60%~70%，剔除营销后，其"主题公园 + 旅游演艺"模式下的毛利率在 70% 以上，净利率在 35%~40%，体现出较强的赢利能力。

宋城演艺 2021 年年报显示，公司主营收入 11.85 亿元，同比上升 31.27%；归母净利润 3.15 亿元，同比上升 117.98%；扣非净利润 2.68 亿元，同比上升 115.15%。这是在疫情冲击下的 2019 年、2020 年主营收入连续下降之后的绝地反击，更是宋城演艺经过近 30 年市场洗礼展现出的实力。

给我一天，还你千年

秋日丽江的细细丝雨中，著名的《印象·丽江》正在盛装演出。瑰丽的色彩、美艳的故事、震撼的效果似乎并没有赢得观众的欣赏，简易雨衣里藏着一个个慕名而来的观众，但从他们的表情来看，兴奋却被重重打了折扣。此时的山下剧场里，《丽江千古情》正在收获满堂喝彩，一天之内已有 3 个满场。舞台绚丽缤纷——大鹏神鸟救祖、木府辉煌、马帮锅庄，场内的 4D 装置安抚着游客疲惫的身心。激动人心的故事情节，穿越时空的光影特效，让观众在半场就感叹"这 260 元花得太值了"。

这样强烈的对比不仅发生在丽江，"千古情"是在激烈的竞争下生存并脱颖而出的。从最初杭州的《宋城千古情》与《印象·西湖》，到《九寨千古情》与《藏迷》，再到《漓江千古情》与《印象·刘三姐》以及《西安千古情》与《梦回大唐》，"千古情"面对的一直都是实力强劲的竞争对手。这些竞争对手要么带着著名导演的光环，要么已经建立强大的品牌效应，但"千古情"总能在一番运作与发展之后，在客流、净利润率等商业方面胜过对手。它凭借的到底是什么呢？

在央视 2014 年 6 月录制的《穿越：如何做成了大生意》这期节目的现场，黄巧灵回答了这个问题。"我宁可打一口井，也不挖十个坑。这口井打下去之后，不管是在盛夏，还是在寒冬，都给我们带来了清冽甘甜的泉水。我们一台节目就撑起 140 亿 ~150 亿元的市值，如果我一年做出了三台节目，就叫作厚积薄发。"

"给我一天，还你千年"传递的正是这样一种厚积薄发的情绪，游客花一天时间游玩、观光，就可以领略千年的历史风韵，感受千年的文化变迁。想要达到这样的效果，并不是一个创意、一次演出就可以实现的，需要长时间的钻研、打磨。

1996 年 5 月 18 日，杭州宋城开园。1997 年 3 月 29 日，大型室外歌舞秀《宋城千古情》首演，开启了宋城"主题公园 + 文化演艺"的经营模式。与后来各地的"千古情"演出一天连演十几场、场场爆满的场面相比，《宋城千古情》的开场显得有些狼狈，甚至是凄惨。当时这场演出是作为宋城景区的一个附属产品出现的，舞台就是宋城景区露天的文化广场，观众只能或坐或站地在广场的台阶上看演出。位于江南的杭州雨水频繁，尤其是在旅游需求旺盛的夏秋之季，晴天烈日炎炎、雨天狂风暴雨的露天演出受到极大影响。尽管观众少、演出场次少、演出形式单调、演出效果不佳，《宋城千古情》依然在宋城景区免费演出了一场又一场。

2003 年，"SARS 病毒"席卷全球，旅游业遭受重创。在闭园停演期间，宋城投资 4000 万元为《宋城千古情》量身打造了宋城大剧院，开启了旅游演艺从室外转到室内的时代。转入室内的《宋城千古情》也进行了迭代，不仅规模更大，还添加了武术、杂技、民俗展示等多种传统文化元素，同时融入了众多杭州历史典故、民间传说、人文景观等内容，分成《良渚

之光》《宋宫宴舞》《金戈铁马》《西湖传说》和《相聚杭州》5
幕剧情板块进行演出。

　　这是一场破局，更是一次启航。迭代之后的剧场版《宋
城千古情》初步形成了"千古情"系列演出的特色，包括室
内演出、模块化剧情、传统文化元素、本地故事形态等，为
"千古情"演出的复制、宋城集团的扩张打下了根基。

　　室内演出模式解决了在中国消费文化演艺产品的时间问
题、舒适性问题，提升了观众的消费动力和消费体验感，提高
了消费频率和规模，把"高频"在文化演艺领域做到了极致。
在室内演出模式下，"千古情"系列演出极具弹性，不受时间、
天气等条件限制，白天晚上均可表演，单剧院下一天最高可以
演七八场，双剧院下一天可以达到十五六场。室外演出不仅会
受到天气影响，对自然环境要求也比较高，比如有的演出只能
在白天进行，有的演出需要灯光效果就只能在晚上进行，一天
只能演 2~4 场。在观看舒适度上，有空调、无蚊虫、环境安静
的室内演出也具有突出的优势。虽然在舞台背景的贴合度和场
景效果上，室内演出比不上室外实景演出，但随着各类声光电
科技的发展和应用，这种差距将会大大缩小。

　　2007 年，《宋城千古情》再次全面升级，不但新增了大型
LED 屏，对舞台机械、特技以及舞美、灯光等艺术表现手法
也进行了全方位的提升，营造出更真实、更震撼的演出效果，

大大提升了观众的观看体验。这次整改历时 5 个月，一经推出就大获成功。2010 年宋城演艺《招股说明书》显示，《宋城千古情》作为宋城景区的核心产品，2008 年演出 969 场，观众人数达到 144.44 万人次；2009 年演出 1331 场，观众人数为184.14 万人次。同期竞争对手《印象·西湖》的演出场次仅为 300 多场，观众人数不到 40 万人次；《西湖之夜》的演出也未能突破 1000 场，观众人数约 80 万人次。在获得市场认可的同时，《宋城千古情》在 2009 年获得中共中央宣传部颁发的第十一届精神文明建设"五个一工程"奖、中国文学艺术界联合会及中国舞蹈家协会联合颁发的"第七届中国舞蹈'荷花奖'组委会特别奖"，其艺术地位和市场化运作方式也得到了充分肯定。

科技赋予《宋城千古情》更大的吸引力，更高的价值。改版后的《宋城千古情》开始以联票的形式与宋城景区统一对外售票，使旅游演艺的高附加值得以体现，大幅提高了宋城景区的赢利水平。

2015 年开始，宋城演艺的"千古情"系列正式超越"印象"系列，成为国内票房第一的旅游演艺项目。这个"第一"的背后是先进的声光电科技手段和舞台机械结合室内演出模式，与历史文化故事相融合的结果，但更多的是以黄巧灵为核心的创作演出团队日复一日、年复一年对剧情、服装、场景、灯光、音乐等全方位细节的打磨。

节目中，黄巧灵表示，基本上每次演出他都会在最后到洗手间旁边听观众的反馈。"因为看完演出，大家都憋得很急，也是第一次放松，所以在洗手间里面小便的时候，讲的话是最真实的。演出看完了，好不好看，哪个地方好，哪个地方不好，都是最真实的。"除此之外，宋城艺术团每个月都会在导游和观众中发放调查问卷，收集大家对演出的意见和建议。基于这些反馈，《宋城千古情》"一月一小改，一年一大改"，十年磨一剑，终于成为一个成熟、好看、大众化的商业产品，实现时演时新，常演不衰。

自此，"主题公园 + 文化演艺"的经营模式逐渐成熟，景区和演艺之间形成了相互支撑、双向导流的效果。"千古情"演艺使宋城景区这样一个小型主题公园获得了不逊于占地几百平方米的大型主题公园的游客人次和消费，而宋城景区的场景氛围又为"千古情"演艺的观众创造了沉浸式的观看感受。随着两者的不断融合捆绑，最终形成了"千古情"和"宋城"并驾齐驱的品牌态势。

2021 年，黄巧灵卸任董事长一职，作为公司的实际控制人，他继续担任"千古情"系列及公司演艺作品的总导演、总策划。显然，相较于管理一个庞大的集团公司，他更愿意专注地做演艺作品的导演、策划。正如他在 2021 年的节目中所说，

"我的目标是带领我的团队往世界第一的方向发展"。能跟英国的伦敦西区、美国的百老汇、加拿大的太阳马戏团平起平坐，这不仅对于宋城是有意义的，对整个中国来说都是有意义的。

这样的黄巧灵，我们很难说他是一个文化人还是生意人。他从"给我一天，还你千年"出发，打造了一台"一生必看的演出"。这台演出成为黄巧灵毕生追求的事业，更成为宋城演艺厚积薄发、快速扩张的坚实基础。

从 1 到 4 再到 N

舞台上出现的原始森林，让观众霎时间彷佛穿越到了远古时代，和演员们一起狩猎、采摘野果，生活一片和谐。突然间大雨、洪水席卷而来，观众真实地感受到有水花喷洒在身上。接着，一只"大鸟"缓缓出现了，给纳西族的子民带来了重生的希望……观众定睛一看，原来这只大鸟是由十几名演员组成的。这是《丽江千古情》中令人震撼的一幕。1500 公里之外的《桂林千古情》也正在上演，一幅水墨桂林的画卷正在 400 平方米的全彩 LED 高清屏上缓缓展开，20 块可转动的高大侧屏全方位地把观众的视野"包裹"起来，形成了如同仙境一般的梦幻场景。这如梦似幻的场景引来了黑龙的垂涎，它来到人间大肆破坏。黑龙的暴虐惊动了天上的伏波将军和叠彩仙子，他们骑着白象、踏着祥云来到人间，拼尽全力打败了黑龙。为了镇住黑龙，永保人间太平，白象化作象鼻山，伏波将军化成伏波山，叠彩仙子变成叠彩山，她飘逸的丝巾化成了纯净的漓江之水。观众沉浸在动人的故事中，感动落泪。

"千古情"多了，观众会不会审美疲劳，觉得千篇一律？黄巧灵说："这是宋城演艺的挑战，每一台演艺都要出新出彩。一座城市有一座城市的品格，每个城市的故事首先要能深深地感染和激励创作者，才能打动观众。"或许这就是宋城演艺不断扩张的秘密武器。

2013年，宋城演艺正式迈开了异地扩张的步伐。在此之前，杭州的《宋城千古情》已经经过16年的打磨，在行业中建立了绝对的品牌优势。同时，2010年上市之后，宋城演艺的资金实力也逐渐增强。在此基础上，从2013年9月至2014年5月，宋城演艺快速拓展了三亚、桂林及九寨沟3个异地项目，完成了从1到4的突破。

如此快速、成功的扩张，宋城演艺凭借的是什么？

时任宋城艺术总团常务副团长的张凯在节目中说："每一个城市的文化底蕴都非常深厚。在选题过程中，我们导演组首先会选择它的兴奋点、感动点。我们在丽江采风的过程中，看到马帮走过的路上都是马蹄踏出的脚印，山石都是一个坑一个坑的。我们有理由、有责任把马帮的这种坚韧、坚强诠释出来。我们的旅游演出是一个文化拼盘，既要有风花雪月，又要有爱恨情仇，甚至还要雅俗共赏。"的确，虽然各地的"千古情"演艺都会结合当地的文化和景观素材、历史底蕴进行再创作，但从形式上来说，"千古情"演艺的剧目通常都是分为5~6幕，在剧场内通过舞台机械结合声光电科技将传统的歌舞、影视、杂技、武术、走秀等表演效果最大化，快速调动观众心中埋藏已久的某种情绪，带来不一样的观看体验。从这个角度看，"千古情"演艺的剧目和表现形式有着很强的可复制性。

有了剧目还要有人。"千古情"演艺采取的无主角模式大大提升了它的可复制性。不依赖主角和知名演员的演出方式，不仅保证了"千古情"演艺能够持续稳定地提供高品质演出，还便于宋城艺术团对演员进行规模化培训、调动。同时，宋城始终把核心编创能力抓在自己手里，逐渐形成了以黄巧灵为核心的成熟的创作团队，在宋城演艺的年报中几乎每年都会看到"优化创作团队"的相关描述。优秀、稳定的创作团队也成为"千古情"演艺快速复制的底气和保障。

如果仅有剧目、表演，没有营销，宋城演艺的异地扩张同样难以成功。在扩张的过程中，"给我一天，还你千年""一生必看的演出"逐渐成为深入人心的广告词，大大提升了"千古情"演艺的品牌影响力。同时，宋城演艺形成了线上线下双管齐下的巨型营销网络，线上以宋城演艺官网、宋城旅游度假区官网、飞猪宋城演艺旅游旗舰店为核心展开营销，线下则和旅行社、旅游集散中心、民宿客栈、交通工具（如出租车）等渠道合作打造销售共同体，让游客不仅在各地都能看到宋城演艺投放的宣传，还能够随时接触到宋城演艺的"销售员"。宋城演艺给予底层渠道很高的返点，使其在推荐旅游线路时重点推荐宋城。这些举措为宋城演艺的品牌推广和客源组织提供了有力的保障，也加快了其异地扩张的步伐。

2016 年，宋城演艺在完成从 1 到 4 的扩张之后，又开始了新一轮从 4 到 N 的扩张，主要为 6 个方向：旅游演艺、城市演艺、集群演艺、演艺小镇、互联网演艺、国际拓展。这一轮的扩张并不如第一轮那么顺利，那么意气风发。在内外部因素的影响下，有些项目成功了，有些项目失败了。

2021 年 4 月 29 日，上海宋城演艺王国·世博大舞台项目正式开业，王牌剧目《上海千古情》首演，标志着宋城演艺异地扩张再下一城。2022 年 4 月，宋城演艺发布公告称，拟将澳大利亚项目和珠海项目 100% 股权转让给宋城集团，争取在 2024 年建成开业。

随着旅游度假化趋势的到来，旅游演艺行业将迎来一个新的机遇期。《关于促进旅游演艺发展的指导意见》明确提出，到 2025 年，旅游演艺市场繁荣有序，发展布局更为优化，涌现一批有示范价值的旅游演艺品牌，形成一批运营规范、信誉度高、竞争力强的经营主体。

黄巧灵在当年的节目中说："我们宋城会沿着一条充满了艰辛，但也开满了鲜花，有风花雪月，有惊涛骇浪，也有荆棘丛生的一条路走，那就是马帮的路。"宋城演艺走过的正是这样一条"新马帮之路"。在这条路上，宋城演艺始终坚守的是对内容的打磨，对人才的储备。

在这条路上，同样靠"秀"发展起来的法国狂人国主题公园已经走出了一条非常成熟的成功大道。从最初的600名演员，到现在整场秀共动员2500名专业演员、3650位志愿者、28000套服装、演出时间达100分钟、观众席位约14000个，支撑狂人国40多年仍保持旺盛生命力的就是内容与人才储备。他们一方面通过持续丰富室内外演艺集群的内容及其他游览形式、扩大场地规模来保持内容的强大竞争力；另一方面则通过对表演和技术方面人才的培养，做好人才储备。

对标狂人国等国际演艺集团的成功经验，宋城演艺的"新马帮之路"还很长，他们还需要不断探索新的演艺模式和经营模式，有效拓展后续成长空间。但我们相信，在这条充满艰辛的"新马帮之路"上，宋城演艺的创新、坚韧终将未来可期。

方特欢乐世界

在中国主题公园行业，华强方特打造的"欢乐世界"无疑是璀璨夺目的一颗明珠，不仅多次荣获"全国文化企业 30强""国家文化出口重点企业"等荣誉，经营业绩也是不俗。2015 年正式挂牌新三板后，华强方特 2016—2019 年的业绩一路走高，从 33.60 亿元飙升到 53.42 亿元，公司净利润连续4 年突破 7 亿元。此外，世界主题乐园权威研究机构国际主题娱乐协会（TEA）与美国 AECOM 集团联合发布的《2019 年度主题乐园和博物馆指数》显示，华强方特旗下的主题公园品牌"方特主题乐园"以 5039.3 万人次的游客接待量，连续第四年比肩迪士尼、环球影城等世界级著名主题公园品牌。

央视《对话》栏目在 2009 年、2012 年为华强方特制作了两期节目，均是围绕主题公园在中国如何生存进行探讨。当时的华强方特如初升的太阳，在中国主题公园行业绽放光芒。无论是当时担任华强集团董事长的梁光伟先生，还是担任深圳华强文化科技集团股份公司总经理的李明先生，都对华强方特的未来充满信心和期待。事实上，在节目播出后的几年，华强方特的确一路高歌猛进，取得了非常出色的成绩。

华强方特以文化为核心，以科技为依托，实施"文化与科技融合"的发展战略，凭借自身拥有的数字图像、影视特技、虚拟现实技术（VR）等高科技领域的自主知识产权和专有技术，选取中华文化以及世界优秀文化中脍炙人口的故事或代表性文化元素，通过强大的文化与科技融合能力，将文化内容的经济效益多手段、多场所、多形态充分释放。经过二十年的技术积累，十余年主题公园、数字动漫行业的深耕，华强方特目前已跻身全球前五大主题公园集团，成为拥有国内优秀原创动漫 IP 的文化产业龙头企业之一。

转折发生在 2020 年。受到突发的新冠病毒感染的影响，2020 年全球主题景点的游客量出现了 50%~90% 的下降，中国的主题公园行业同样受到猛烈的冲击。年报显示，华强方特 2020 年的营业收入为 40.22 亿元，同比下降 20.98%；净利润为 5.28 亿元，同比下降 38.84%。随着疫情的反复，华强方特 2021 年的年报数据更加惨淡，首次由盈转亏。

除疫情的影响外，国际主题公园巨头也是影响因素之一。上海迪士尼乐园、北京环球度假区虽然拓展了中国主题公园的市场空间，但也给华强方特等中国本土主题公园造成了极大的生存压力。更大的困难在于，中国本土主题公园的自身实力不足。以华强方特为例，虽然拥有领先的高科技优势，也成功打造了"熊出没" IP，但是讲故事的能力不足、IP 单一、产业链尚不成熟等问题始终是方特系列主题公园发展路上的最大困扰，这也是《对话》节目中探讨的焦点。

科技的用武之地

"这真是你们中国人做的吗？"在 2000 年美国奥兰多国际主题公园及游乐设备展览会上，一位日本企业家紧紧地拉着一位中国人连连追问。这位中国人就是带领华强智能技术团队参展的李明，被日本企业追问的是他们在展会上推出的 4D 影院技术和 360° 投影展示技术。李明看着对方不可置信的表情，肯定地答道："就是我们做的，肯定是我们做的。"对方不问了。第二年的展会，这家日本企业没有出现。

李明在接受采访时多次都提到了这个细节，言语中透露着不易觉察的骄傲和激动。这两项技术后来分别出售给了美国和委内瑞拉，一项技术大概 30 万美元。一下子搞定 60 万美元的订单，大家都感到很激动，开始尝试在出售技术这条路上走下去。2001 年的展会他们定了 64 个展位，但是因为遇到了"9·11"事件，他们铩羽而归。

这次的失利，让华强集团内部对于这个花了 100 万元收购的技术团队的价值进行了重新思考。虽然这个团队拥有很多前沿技术，但他们的主要业务是给世界各地主题游乐场的游戏装备提供软件，和华强集团的电子产业关联度不太高，而且团队文化也和华强集团的文化有冲突。他们的科技优势在华强集团似乎很难有用武之地。这时，恰好有一家国内著名的旅游企业希望以 5000 万元的价格收购这个团队。卖还是不卖？华强集团领导班子发生了激烈的争论。这是一场关于利益的博弈。最后在梁光伟的坚持下，当时的董事长说："算了，再放一放，大家再考虑考虑。"对于华强集团来说，需要考虑的是如何给他们的科技优势找到用武之地。

经过调研分析，华强集团发现，文化产业对科技的需求远远大过其他产业，因此他们的科技优势可以在文化产业中找到用武之地。他们首先在特种电影、3D 仿真技术、立体眼镜等领域进行不同的尝试。当他们带着自己研发的产品参加深圳市第一届高交会时，虽然吸引了众人的目光，却没有拿下一个订单。于是公司高层领导就坐下来很认真地开了一次会，最后大家认为，必须在文化产业里选择几个比较清楚的、符合高科技展示手段的领域，把科技利用起来，这样才能找到市场。

华强集团将目光锁定在主题公园行业。他们认为，中国旅游文化行业将从简单的游览名山大川、名胜古迹进入高水平供应时代。高水平供应需要高端科技的支撑，而这正是他们的优势所在，也是他们的根基所在。与其出售技术给他人做嫁衣，不如利用技术优势打造自己的主题公园品牌。

"最初想做的到底是房地产项目还是主题公园？"主持人在节目中问出了很多人心中的疑问。对此，李明肯定地回答："主要还是做主题公园。"梁光伟更是强烈地想要和房地产划清界限。这种定位恰恰和几年后出台的《关于规范主题公园建设发展的指导意见》中"严控房地产倾向"的要求不谋而合。对于当时的华强集团来说，把主题公园作为主战场或许有一些政策方面的考量，但更多的是因为房地产领域没有他们的科技团队的用武之地。

显然，华强集团对于科技的用武之地在哪里，一开始就想得很清楚。

李明说："我们在提出第一个主题公园设计的时候，就把它定义为第四代主题公园。我们认为这开了中国的一个先河。"第一代主题公园大多以自然景观、微缩景区为主；第二代主题公园多以文化建设、人文景观为主；第三代主题公园是在第二代的基础上，借鉴国外主题公园的经验，把很多娱乐元素加进来，所以第三代主题公园的核心大多是国外或者国内生产的游乐设备，类似于过山车、激流勇进这类项目。2000 年以后，随着迪士尼乐园和环球影城在全球的布局，越来越多的中国人认识到，新型的主题公园应该包含很多本土文化、历史故事，同时具有很强的科技能力来支持其交互参与功能。这样的主题公园被称为第四代主题公园。

用什么样的方式打造第四代主题公园才能突出它的特点，从而吸引大量的游客？怎样才能让第四代主题公园和第三代、第二代主题公园形成一定的区别，建立自己的核心竞争力？李明认为，答案就是"科技"，科技是他们吸引市场的硬道理。科技的融入为主题公园注入了新的活力，提升了附加值和竞争力。同时，主题公园也成为科技的用武之地。

2022 年上半年，华强方特在主题公园项目设备创新、系统集成控制等领域加大研发投入，并取得系列成果，1~6 月共申请国内外各项专利、商标及著作权等自有知识产权 210 余项。至此，华强方特累计已拥有超过 2500 项自有知识产权，使其在主题公园创意研发领域的行业领先地位更加巩固。

文化创意的台阶

2008 年 4 月 18 日，一场几十年不遇的大雪在黄淮大地肆虐，刚刚停雪就陷入冰雪封冻的安徽芜湖却迎来了一个不可思议的开业典礼。在冰雪中试营业 3 个多月的芜湖欢乐世界在这一天正式开园。"只有 8 个人。"李明盯着手机上的短信沉默了一会儿，虽然早已有心理准备，但他怎么也没想到占地面积约 125 万平方米的芜湖欢乐世界开园第一天，只有 8 个游客！李明默默地删掉了那条短信，他坚信"一定会过去"。

这是盲目自信、自我安慰，还是另有高招？

2008 年，芜湖方特欢乐世界接待游客近 200 万人，其中 10 月 2 日单日游客数量高达 28500 人，创安徽旅游历史新高。2008 年，方特欢乐世界仅门票收入就超过 2 亿元，近 50 家餐厅、商铺等园内配套商业带来超过 3000 万元的收入。当单日游客数量超过 30000 人时，李明就觉得人太多，"能不能不要再进了，要不要赶紧关掉"。他认为，作为主题公园的投资商、经营者，要注重品位、服务，给游客带去好的感受，更要保障游客的安全，而不是一味地追求经济利益。

有人说，华强这一次的成功有很大的偶然性，一方面是当时中国的主题公园市场刚刚起步，另一方面是他们在千人一面的情况下，靠科技成功突围。事实上，李明和同事们刚开始也是这样认为的，芜湖欢乐世界的成功就是因为它的科技很强大，描绘出来的东西和给游客带来的感受都让大家感到很震撼。但当他们准备开发第二个主题公园，把故事讲下去的时候，他们陷入了深刻的思考：是再复制一个欢乐世界，把科技做得更强大呢，还是应该有一些新的创意？

在一个科技集团的母体里孕育文化生意，创意执行是关键。李明在节目中说："主题公园发展至今，它下一步的发展更期望、更需要的是创意、创新。推动主题公园发展的文化核心是创意，科技核心是创新，所以我们认为要把文化的创意和科技的创新结合起来。我们认为这是下一代主题公园发展所需要的力量。"

华强方特不缺科技的创新，缺的是文化的创意。在创意为王的时代，创意的力量已经渗透到文化产业的各个领域，当然也进入了主题公园这个领域。主题公园不是一个旅游项目，更像是一个文化产业的大型项目，是一个文化产业内容集聚、展示和游客交互的市场平台。

华强方特在打造第一座主题公园时还处在摸索阶段，所以更多地依赖科技创新，避开了当时被有些项目用烂了的中华传统文化，选择了全人类都认可的文化。比如"海螺湾"打造的海底世界；"飞跃极限"带给游客的是游历全世界的体验；"恐龙危机"则是一个科幻故事。这些东西不容易让游客产生过多的联想，他们一来就感觉到很刺激、很新鲜、很有趣，还有很多的东西可以去思考，所以很吸引他们。

第一座主题公园的成功使华强方特确定了自己在行业中的科技优势，但在文化产业中，科技肯定是为文化服务的。所以，当他们在芜湖开发第二主题公园——芜湖方特梦幻王国的时候，创意的核心就是中华传统文化。他们在这个梦幻王国里用高科技手段讲述《水漫金山》《猴王》《盘丝洞》等传统故事，通过现场实景、立体电影、现场特技等高科技游乐技术，营造了《秦陵历险》，缔造出一方充满幻想和创意的神奇天地。除此之外，方特知名动画 IP《熊出没》也融入其中，打造了《熊出没剧场》《熊出没历险记》等实景主题体验项目，踏上了"文化＋科技"的主题公园发展台阶。

这些成功的经验让华强方特意识到，科技的发展不会有商业壁垒，非常透明，主题公园未来的竞争力一定是文化。因此，华强方特将自身定位于"一个有故事的主题公园"，在民族文化、中国传统文化的创意研发上投入更多的精力，以丝路文化、长城文化、华夏历史文化、边塞古城文化、民俗文化，以及中国近现代时期独具特色的社会风貌和人文风情等多种文化主题为创意基础，打造了"方特东方神画""方特东盟神画""方特东方欲晓""方特丝路神画""方特国色春秋"等不同故事主题的乐园。游客在体验这些项目的过程中，不仅获得了感官上的欢乐刺激，更获得了和不同时期、不同特点的中国文化深入互动的情绪共振。

在国内首个红色文化主题公园品牌"方特东方欲晓"中，游客可以在《铁道游记》硝烟弥漫的战场上，和游击队员一起夺火车、炸桥梁，感受革命先辈们热血报国的壮烈情怀；也可以通过《致远 致远》乘坐运载船，在漂流中见证北洋水师名舰"致远"号从诞生到沉没的传奇一生，亲历洋务兴起、致远归国、海战爆发、致远沉没等重大事件；还可以到《飞翔》影院乘坐升空设备，随着镜头飞越三峡大坝、北盘江大桥等超级工程，在加速、俯冲的刺激中欣赏新中国飞速发展的辉煌成就。

从全人类文化到中华传统文化再到丝路文化、长城文化、华夏历史文化、边塞古城文化、民俗文化以及中国近现代文化，华强方特在文化创意领域不断迈上新台阶。以中国文化为创意基础，借助高科技的力量，为游客打造不同的文化意境，讲述不同的文化故事，激荡不同的情绪体验，已经成为华强方特不断做强的核心竞争力。

如何通过一个又一个文化创意研发出更契合中国文化精神的项目，如何让中国文化插上科技的翅膀，让世界听到中国故事，这是华强方特打造主题公园的战略思考方向，也是执行方向。华强方特文化创意的下一个台阶将会延伸向哪里？也许是正在建设的"美丽中国·文化产业示范园"项目，也许还会有新的惊喜，我们拭目以待。

原创 IP 之战

2022 年春节档电影《熊出没·重返地球》以近 10 亿元票房创下熊出没系列电影最高票房纪录，跻身中国影史春节档动画电影票房冠军。这样的成绩已经远远超过了迪士尼现象级动画电影《冰雪奇缘 2》的 8.61 亿元。至此，8 部《熊出没》动画电影以近 43 亿元的总票房稳居国产动漫合家欢电影榜首。有人说，这是中国原创动漫 IP 的逆袭。也有人说，迪士尼动漫的技术和故事性更胜一筹，熊出没只是凭借主场优势胜出。原因到底如何，尚无定论，但在主题公园行业，原创 IP 之战势在必行。

2022 年 5 月 31 日晚，二度冲刺 IPO 的华强方特发布了一份定增预案，拟募资不超过 16.8 亿元。当时，新冠病毒感染反复、国内主题公园行业集体停摆、国际主题乐园巨头大举挺进中国的夹缝中，华强方特如此大手笔融资，令人不解。手握 2021 年净利润亏损超过 2.4 亿元的成绩单，华强方特凭借的又是什么？

在定增预案中，华强方特称募集资金主要用于补充流动资金以及偿还银行贷款 / 借款。显然，由盈转亏的 2021 年给华强方特带来了不小的压力，毕竟能够把净利润亏损控制在 2.4 亿元还得益于计入当期损益的政府补助约 3.22 亿元。当补贴时限届满，华强方特又将何去何从？

2021 年，华强方特 44 亿元的营业收入中，文化科技主题公园的设计、建设与运营业务收入为 37.24 亿元，文化内容产品类业务收入为 7.48 亿元。而文化内容产品类业务中的数字动漫业务收入为 3.02 亿元，成本仅为 7291.94 万元。同时，华强方特预计 2022 年数字动漫中的形象授权至少将为其带来 1698 万元的收入。据《南方周末》披露，2021 年"熊出没"IP 合作的被授权商数量超过 300 家，被授权商品超过 3000 款，年销售额超过 30 亿元。

数据将华强方特的未来指向了数字动漫，指向了已在国内取得骄人成绩的"熊出没"IP。自 2014 年《熊出没之夺宝熊兵》上映至今，《熊出没》系列电影已连续登陆春节档8年，总票房近43亿元，累计观影人次超过1亿，稳居国产合家欢动画电影榜首。即使是受到新冠病毒感染影响最大的《熊出没·狂野大陆》，也收获了5.95亿元的票房，而在新冠病毒感染反复的2022年上映的《熊出没·重返地球》，不仅在国内收获了超高票房，还登陆347家英国院线电影院，创下了中国电影在英国上映的最高排片场次纪录，并且代表中国优秀影视文化作品入选"2022英国第四届中国旅游文化周"。这并不是"熊出没"IP第一次走出国门，截至2022年6月，《熊出没》系列动画作品已发行至全球130多个国家和地区，累计出口超20万分钟，被译制成英语、俄语、印度语、西班牙语、葡萄牙语、意大利语、法语等多个语种，全面覆盖院线、DVD、电视台、新媒体等渠道。

如此辉煌的成绩是华强方特在2012年时无法预料的。当时上海迪士尼乐园已经开工建设，即将带着它成熟的主题公园产业链进入中国，所以华强方特探讨更多的是如何应对迪士尼集团的冲击和挑战。

迪士尼集团凭借丰富的IP储备向全球观众持续输出内容，然后通过主题乐园和周边产品的IP闭环生态圈，构造了其文化全产业链。以《冰雪奇缘》系列动画电影为例，除了获得了不错的电影票房外，还进行了DVD、电视、消费商品、歌曲、游戏、主题公园等多轮开发，总体收入超过30亿美元，衍生收入占比高达60%。在迪士尼的文化全产业链上，主题公园只是其IP资产的进一步外延——通过将动画角色转化为实体游玩体验，"乐园/度假村+周边产品"的模式进一步激起了观众对动画角色的情绪共振，形成IP闭环生态圈，使新老IP和迪士尼百年文化底蕴进一步实现价值最大化。

李明认为，面对迪士尼集团的冲击，中国主题公园的发展要加速驶入快车道。迪士尼集团在建主题公园之前用了几十年时间做动漫，如果中国的主题公园也这样做的话，"黄花菜都凉了"。华强方特已经凭借自身的科技优势在主题公园领域取得了不错的成绩，接下来要做的就是拼创意、拼故事。他们提出了"创研产销"产业链，即以创意为龙头，有了创意以后再把科研加进去，然后是产业化大规模生产，最后是进行销售。通过这样一个产业链，主题公园就形成了它真正的生命力。

李明当时并没有明确华强方特"创研产销"产业链中的"创意"具体是指什么，当"熊出没"IP横空出世、横扫世界的时候，我们再回头看，那个"创意"或许指的就是动漫开发，就是原创IP。

随着《熊出没》系列电影的火爆，华强方特逐步在主题公园内深度植入"熊出没"IP，在园区还原《熊出没》影视剧中的生活场景，打造《熊出没》4D电影和舞台剧，还有穿梭在园内的熊大、熊二等动画形象人偶。但是，相较于迪士尼乐园中的IP影响力和变现力来说，"熊出没"IP给方特主题公园带来的价值微乎其微。人们到方特主题公园游玩首先想到的还是酷炫的科技感，而不是熊大、熊二。

困境不仅于此。2021年9月29日，迪士尼集团的IP新成员玲娜贝儿以"米妮给米奇做的玩偶、达菲家族的一员、新晋女明星"的背景正式出道，很快吸引了巨大的流量。不仅玲娜贝儿的配套周边供不应求，连它所在的达菲家族玩偶也再次受到热捧。我们再把目光转向华强方特，2021年推出的新IP动画电影《俑之城》最后以7000万元的票房惨败。事实上，在《俑之城》之前，华强方特曾连续推出《捕快一个半》《虫虫闹翻天》《猴王传》《小鸡不好惹之咸蛋寺》《奇迹少女》《太空鼠一家》等系列动画片、动画电影，效果却不尽如人意，始终未能打造出第二个"熊出没"。

无论过去的战绩如何，原创IP之战的枪声已经打响，华强方特没有太多路可走。针对主题公园提升质量方面，《关于规范主题公园建设发展的指导意见》首先要求丰富文化内涵。深入挖掘中华优秀传统文化内涵，鼓励将中国元素融入主题公园游乐项目中，积极弘扬社会主义核心价值观，讲好中国故事，传承好中华文化基因。显然，随着主题公园的演进，"去地产化"和"文化 IP"已经成为主旋律。

对于拥有大量原创 IP 的迪士尼乐园、环球影城等国际主题公园巨头而言，它们进军中国市场的烦恼或许在于如何在中国讲好全球故事。然而，迪士尼借助由中国设计师设计的、极具中国文化色彩的小狐狸玲娜贝儿找到了突破口。中国本土主题公园在这场原创 IP 之战中的突破口又在哪里呢？几千年中华优秀传统文化的积淀是一个巨大的宝藏，如何从这个宝藏中挖掘出中国人乐于接受的文化创意，并且利用高科技手段讲出精彩的故事，这是难点也是突破点。从文化资源到原创 IP，再到衍生品开发与打造，最后反哺主题公园产业的发展，道阻且长。

第 2 章

遇见中国动漫

2

文化产业不断发展，带动了我国动漫产业的迅猛发展。2019 年我国二次元用户规模突破 3 亿人，2020 年我国动漫产业总产值达 2212 亿元。前瞻产业研究院预计 2026 年我国动漫产业市场规模将超 4500 亿元。

我国第一部动画片诞生于 1926 年，到 20 世纪中叶获得较快发展，形成了世界公认的中国动画学派，诞生了剪纸片、折纸片、水墨动画片等新片种，产生了《大闹天宫》《哪吒闹海》《葫芦兄弟》《黑猫警长》《三个和尚》等极具中华民族特色又深受观众喜爱的优秀作品。然而，当时的动漫依然是一个相对比较边缘的门类。进入 21 世纪，随着中国动漫市场的开放，富裕起来的中国人民开始高度关注动漫，动漫的影响力和响应度热了起来。在动漫这个极富想象力的自由空间，虚构的华丽世界、完美强大的人物设定、精彩飘逸的特效设计、惊险刺激的故事情节，无不吸引着人们的好奇心，激发着人们深层次的情感需求。

在 2008 年金融危机之前的四五年间，中国对文化产业的发展倾注了许多政策资源和国家关注，从出版、电影到戏剧院团的改制以及人才税收的优惠政策，甚至开放了鼓励上市融资的渠道。针对中国动漫市场上国外动画片的强势现状也推出了一系列政策。2005 年起设立全国少儿节目精品及国产动漫发展专项资金项目，2006 年国务院出台《关于推动我国动漫产业发展的若干意见》，在电视播出的黄金时间限制国外动画片的播出，同时通过财政奖励措施对国产动画片进行扶持。市场和资金双管齐下，市场反应积极，动漫产量急剧增加。当金融危机爆发后，口红效应在全球显现，中国文化产业也有亮丽的表现。动漫产业的有关管理部门希望来个趁势跃起，专门动用资源在杭州举办了"中国国际动漫节"。感受到这种浓烈的发展氛围和产业机会，央视领导决定制作节目加以配合。笔者作为节目制作人正式遇见中国动漫，有机会近距离观察中国动漫产业的发展。

动漫总动员

2009 年春节档的《喜羊羊与灰太狼之牛气冲天》以 9000 万元的票房吹响了中国动漫复兴的号角。2006 年之前的 50 年间，中国动画电影仅有 12 部，而 2009 年一年就推出了 27 部各具特色的动画电影，原创电视动画近 15 万分钟。"井喷"式的发展背后，有动漫企业的飞速成长，有科学技术的有力支持，更有国外动漫力量对中国市场的强势介入。这种介入在第五届中国国际动漫节上表现得也非常明显，来自国外的动漫作品中随处可见中国元素。2008 年席卷全球的《功夫熊猫》更是一部完全以中国元素创作的美国动画电影。

在这种形势下，国家对于动漫产业的扶持也进一步完善和发展。2008 年，《广电总局关于加强电视动画片播出管理的通知》规定，自 2008 年 5 月 1 日起，全国各级电视台所有频道不得播出境外动画片、介绍境外动画片的资讯节目以及展示境外动画片的栏目的时段，由原来的 17：00—20：00 延长至 17：00—21：00。2008 年 7 月，财政部、国家税务总局发布了《关于扶持动漫产业发展有关税收政策问题的通知》，明确了对经认定的动漫企业在增值税、企业所得税、营业税、进口关税、进口环节增值税等税种上的优惠政策。2009 年，我国第一部文化产业专项规划——《文化产业振兴规划》将"数字内容和动漫"产业列为八大重点发展文化产业之一，同时强调"动漫产业要着力打造深受观众喜爱的国际化动漫形象和品牌，成为文化产业的重要增长点"。中国动漫产业受到前所未有的关注和重视，发展势头锐不可当。

一只羊引发的争论

"嫁人就嫁灰太狼"，因为他被红太狼的平底锅砸过 9544 次，放弃喜羊羊 2374 次，想过 2788 种抓羊方法，奔波过 19658 次，足迹能够绕地球 954 圈，但最后依然强调"我一定会回来的！"虽然一只羊都没有吃到，但他从未放弃过爱红太狼，一直奔波在满足红太狼一个又一个奇怪的要求的路上。

《喜羊羊与灰太狼之牛气冲天》以 600 万元的成本撬动9000 万元票房，创下国产动画电影的票房纪录，成为中国原创动画片的一个里程碑。在"牛气冲天"的成绩背后，观众到底在消费什么？答案众说纷纭。有人将成功的原因归结为几百集电视动画片已经做足了整整三年的"前期宣传"，锁定了3~6 岁儿童这个核心观众群，这些小朋友到影院去看喜羊羊、灰太狼的时候势必拖家带口；有人则更倾向于"网络流行语台词"对成年观众的吸引力，比如"山寨""升级""黑屏"等流行语非常符合年轻观众的口味；还有人认为仅仅就是因为观众对剧情、氛围的喜爱，因为每个人心中都藏着一份童真和单纯。虽然制作人王磊坚持认为他做的不是电影，是中国家长和孩子的美好时刻，但没人可以否认，这部根本登不上电影高雅文化市场的"Flash 作品"点燃了中国动画电影的希望之火。

现实中的故事比我们想的还要热闹。《喜羊羊与灰太狼之牛气冲天》实际上并不是电视动画的"亲妈"原创动力（广东原创动力文化传播有限公司）独立出品的，而是跟 SMG（上海文广新闻传媒集团）和优扬文化（北京优扬文化传媒有限公司）联合出品。当时《喜羊羊与灰太狼》有几百集动画片压在仓库里，原创动力几乎走到穷途末路。SMG 和优扬文化的介入，不仅带来了资本，更带来了媒体、营销、发行等资源。围绕《喜羊羊与灰太狼》的创意，动画电影的制作团队将这些资源集中起来，每个资源又在自己的优势领域发力。这样的"资源总动员"或许才是这部动画电影成功的秘诀。

羊和狼的故事虽说缺少新意，狼却是全世界公认的羊的天敌。就像《猫和老鼠》中的猫永远抓不住老鼠一样，《喜羊羊与灰太狼》里的狼永远吃不到羊，这种强者反而被弱者戏弄的剧情设计对孩子来说有很强的吸引力。在角色设定上，爱老婆、爱发明创造、善良又无比顽强的灰太狼完全颠覆了传统的狼在人们心目中的印象，也赢得了很多女性观众的追捧，喊出"嫁人要嫁灰太狼"；而贪吃、贪睡、单纯又怀揣英雄梦的懒羊羊则让很多年轻观众找到了共鸣，嚷着"做人要做懒羊羊"。除了这两大明星之外，有勇有谋的喜羊羊、爱漂亮的美羊羊、热心友善的暖羊羊、容易冲动的沸羊羊，也都有自己的观众群体，每个角色都有深度创作的空间。在形象设计上，无论是羊还是狼都是圆嘟嘟的 Q 版①形象，非常可爱；每个角色的名字、颜色在和角色特点相对应的基础上融入了中国传统元素以及丰富的娱乐元素，让人很容易产生认同感，并且容易记住。这些创意构成了《喜羊羊与灰太狼》这部动画片的市场品

①　Q 是英文 cute（可爱）的谐音。

相。观众喜欢看，有市场爆发力，这正是这部动画片能够吸引SMG 和优扬文化关注、投资的核心竞争力。

动漫作品失败的原因可能林林总总，成功路径却有迹可循。《玩具总动员》《海底总动员》《超人总动员》《飞屋环游记》等 24 部世界一流动画电影的创作团队皮克斯，同样是凭借创意撬动了迪士尼的营销、宣传、发行等资源，成就了自身在世界动画电影史上的传奇。皮克斯最初只是一个极具创意的动画短片制作团队，1991 年开始与迪士尼结为合作伙伴，他们负责制作电脑动画长片，迪士尼负责发行，《玩具总动员》由此诞生，把动画电影带进了 3D 时代，也缔造了票房神话。于是，他们准备继续携手打造《玩具总动员 2》。迪士尼认为这次只需复制之前的成功经验即可，不必投入太多。皮克斯却坚持"故事为王"的创意原则，重新塑造人物、打磨剧情，哪怕一个很小的细节，他们都要花几天甚至几周进行反复打磨，力求找到更好的表达方式。《玩具总动员 2》最终以 9000 万美元成本收获了 5 亿美元票房。

许多人质疑《喜羊羊与灰太狼》是二维 Flash 的技术水平，皮克斯却证明了，无论技术多厉害、场景多震撼，都没有一个好的创意重要。在皮克斯，他们通过"智囊团"制度来推动创意。"智囊团"由团队内部不同领域的顶尖人才组成，在创意遇到瓶颈时通过头脑风暴出谋划策。为了营造自由、平等的交流环境，他们甚至把过于强势的老板乔布斯排除在"智囊团"之外。在与迪士尼合作的过程中，他们把这种创作理念也带到了迪士尼，于是便有了迪士尼的"故事智囊团"。极具戏剧性的是，原创动力的编剧创作同样采取团队讨论、头脑风暴的形式，这才有了红太狼一个又一个千奇百怪的要求，灰太狼一项又一项天马行空的发明，几百集的《喜羊羊与灰太狼》的故事也因此始终充满生命力。

有了好创意就一定能够打造一部成功的动画电影吗？如果皮克斯的创意没有迪士尼的营销发行，如果《喜羊羊与灰太狼之牛气冲天》没有 SMG 和优扬文化的运作，结果会怎么样？这样的问题让我们开始关注动漫产业链上的其他力量，投资方、制片方、发行方、推广方、教育方、研究方……中国动漫产业想要获得更好的发展，任何一方的努力都不可或缺。现实却是每一方都认为自己已经做得够好了，问题都出在别人身上。推广方说中国动漫市场上没有好的作品可以营销，制片方说那是因为没有好的形象、好的故事，创作方则说没有好的故事是因为没有好的人才，教育方又说没有好的人才是因为没有好的薪资，研究方说没有好的薪资是因为投资方不行，投资方又说没有创造哪来的收益，没有收益谁来投资？……既然各说各有理，笔者就提议以"动漫总动员"为主题制作一期节目，聚集一切可以努力的力量。嘉宾也不挑了，就是《喜羊羊与灰太狼》之父卢永强。不服的话，谁当下可以想出那么多情节？一个灰太狼怎么有那么多不能满足老婆的难题？几个几十个或许可以，几百个上千个这么有趣而且不重复的创意就非常难了。最主要的是，市场用效益证明了它的地位。

一只羊引发的争论总算尘埃落定，《动漫总动员》开启录制键。

实力与对手

一只小羊，《喜羊羊与灰太狼之牛气冲天》创造了国产动画电影的票房纪录，9000 万元人民币。一只熊猫，《功夫熊猫》打破了《狮子王》保持的进口动画电影票房纪录，4.6 亿元人民币，全球票房 2 亿美元。羊和熊猫的高歌欢庆之下，动漫产业上演了怎样的商业逻辑？老掉牙的"狼外婆"故事为什么能在当下俘获那么多孩子和家长的心？既没有见过熊猫又不会功夫的导演制作的《功夫熊猫》凭什么大卖？一场小羊和熊猫的对话由此展开。

2007 年，我国动漫产业总产值为 200 亿元人民币，而美国迪士尼公司一年的产值就将近 200 亿美元。日本动漫产业每年的总产值甚至高达 230 万亿日元（约 21500 亿美元），是日本的第二大支柱产业。中国人均动画片拥有量仅为 0.0012 秒，而日本的人均拥有量为 300 至 480 秒。更令人担忧的是国外动漫对中国市场的冲击。据统计，美、日、韩动漫在中国曾创下 90% 的市场占有率。我们针对"哪些动漫形象是中国观众最喜欢的"调查结果显示，10~20 岁人群最喜欢的是机器猫，20~30 岁人群最喜欢的是柯南，30~40 岁和 40~50 岁人群最喜欢的都是米老鼠。在 1100 名被调查者中，51.9% 的人喜欢看国外动漫，23.5% 的人喜欢看国内动漫，24.4% 表示"不确定，凭兴趣"。值得注意的是，在 10~30 岁的年轻人群中，有近 60% 的人明确表示"喜欢看国外动漫"。

在实力和对手之间，中国动漫产业到底处于一个什么样的位置呢？以《喜羊羊与灰太狼之牛气冲天》为例，在电影运作过程中，中国动漫产业中的各种有生力量，从创作机构、营销推广、投资公司到衍生品的开发，都被有意无意地整合了起来，相当于各种力量的一次大检阅和总动员。各方力量为这部动画电影的市场运作提供了良好的平台，而这是否就是中国动漫市场各种力量整合的最佳展现呢？这个问题让节目现场的各方人士都打开了话匣子。

在中国有将近 5 亿青少年都是动漫产品的消费者，而且这个市场在不断地扩大。浙江中南集团卡通影视有限公司董事长吴建荣说："占领了中国市场，就占领了全世界 1/5 的市场。"艾讯国际传播培训机构总裁林源则从人才培养的角度表示："根据官方调查，未来两到三年中国动漫人才需求量是 35

万人，如果按照人均学费 1.5 万元来计算，就有一个 52 亿元的人才培养市场空间。"如此大的市场需求，至少需要 300 家大规模培训机构。中国当时虽然有 400 多家院校开设了相关专业，但是真正成规模的并不是很多，所以人才培养的缺口非常大。人才培养方认为自己培养的人才价值没有得到实现，工资低、创作环境不理想；企业却认为自己很难招到满意的人才。事实上，动漫人才培养的困局不是中国独有的。动画世界网总裁劳尔·施德蒙德说，好莱坞有着几十年的历史，经过了漫长的成长才有今天的制作实力和水平。现在每年生产两部动漫电影，对他们而言也是很大的工作量。通常他们有 250 个全职工作团队，同时还有 1200 到 5000 名大学毕业生为整个制作流程工作。

有了一流的人才就一定能够创作出好的动漫作品吗？在谈到支撑《喜羊羊与灰太狼之牛气冲天》创下票房纪录背后的各种力量中谁最重要时，卢永强表示，最重要的还是创意的力量，这是一切的根本。如果没有创意，没有最原始的能够创造这个形象跟这个故事的力量，后面的一切都不存在。但是，在中国原创的动漫作品中，创意有的时候也有一定的局限性。甚至有人总结了国内动画作品的 4 条规律，第一条是小人物一定能够惊天动地，第二条是公主一定会爱上穷小子，第三条是好人一定不会死，第四条是坏人总是很弱智。还有小朋友看了《喜羊羊与灰太狼》之后问，为什么喜羊羊总是在救别的羊的时候险些牺牲掉自己，它就不可以一直很健康、很快乐地活下去吗？相较于中国原创动漫作品，对手在创意方面有很多值得我们借鉴的经验。

马克·奥斯本抛出了《功夫熊猫》的创意秘籍。并不像很多人质疑的那样，功夫是中国的，熊猫也是中国的，而《功夫熊猫》却不是中国的。他说功夫和熊猫事实上是对阴阳思想的展示，展示极大反差之间的一种平衡。熊猫是一种极端，而功夫是另一种极端，选择这两个完全没有共同点的元素放在一起，达到一种和谐的效果，并借此创造一个独一无二的故事。原来对手的创意是从一种观念和哲学出发的。卢永强有着与之类似的感觉，灰太狼和喜羊羊也被他赋予了不搭界的平衡感。他的痛苦果然如策划会上栏目总结的那样——如何写出成百上千种不能满足的红太狼的愿望？创作到 300 集的时候，编剧对他说，"能不能不写了？"事实上，在创意方面，并不是只有中国的编剧存在挑战。马克·奥斯本说，熊猫在一般人印象中是懒散的，他们在理念的指引下要创新，天马行空地想。在很多电影中，英雄都是英勇无畏地出现，然后拯救世界，而他们的熊猫是气喘吁吁地出现，爬了很多级台阶后几乎话都说不出来了。这其实是对传统英雄情节的颠覆，而这种处理方式也让观众非常满意，因为他们已经看了太多内容雷同的电影和电视节目。仔细想来，灰太狼灰溜溜地喊出"我一定会回来的”，在一定意义上也是对狼狡猾本性的颠覆。

创意上的差距可能一时无法评判，市场推广的差距却非常直观。当大家都对《喜羊羊与灰太狼之牛气冲天》的市场表现夸赞有余的时候，负责发行的公司老板突然爆出冷料：这部动漫电影在广东的宣传推广费用只有 6 万元人民币，争取之后才有 12 万元。宣传时间和周期更是在作品即将上架甚至是上架之后才开始。对手的做法是怎样的呢？马克·奥斯本介绍了《功夫熊猫》在市场推广中做的几件事，他们在戛纳电影节举行了首映式，隆重推出《功夫熊猫》这部电影，同时电影的标志以及熊猫的形象以很多种方式宣传出去。他们还制作了很多宣传片和广告片，让人们注意到这部电影，而且电影主角们的海报在上映之前的 6~8 个月就已经问世了。

市场推广的差距背后，没钱似乎并不是主要问题，更明显的是没有市场计划。节目现场还在讨论《功夫熊猫》的时候，市场计划就已经确定《功夫熊猫 2》的上映日期是 2011 年 6 月 3 日。同时期的《变形金刚 2》还没有上映，但是市场上已经在宣传《变形金刚 3》的上映日期是 2011 年的 7 月 1 日。如此明确的上映日期使市场运作的空间加大，植入等市场回报也可以事先设计，一切都是一个良性的生态。中国的动漫产业还处在走一步看一步的水平，这也就导致中国动漫衍生品的开发存在很大的局限，难以创造比较好的收益。

有人总结了动漫武功心法：前期要缓，中期要快，后期要细，市场要冲，故事第一，形象突出，聚焦主角，长期经营。国家广播电视总局总编室主任金德龙说，图书出版会产生百万富翁，影视剧能产生千万富翁，动漫产业能够产生亿万富翁。如果创意和产业结合得好，文化和产业结合到位，动漫和产业互动好，中国的动漫一定会以独特的方式展示给世界。

小羊和熊猫的对话在节目之外仍在继续。《功夫熊猫 3》上映 2016 年贺岁档，在中国的票房突破 10 亿元，相关衍生品也创下了 10 亿元的收益。截至 2022 年，《喜羊羊与灰太狼》共推出 8 部动画电影，虽然其中不乏创下国产动画电影票房纪录的作品，但总票房也只是突破 10 亿元。现实再一次印证了，我们的实力虽然在提升，但和对手的差距并没有缩小。我们究竟应该如何整合现有的动漫力量，然后真正地走出一条属于中国的动漫发展之路？我们的优秀动画是否能够走出国门，与美国的观众见面，与欧洲的观众见面，与日本的观众见面？这些问题之下，我们还有很多工作要做，还需要动漫产业中的每一个人付出努力。

寻找中国动漫的世界语

2010 年，我国动漫产业总产值达 470.84 亿元人民币，比

2009 年增长了 27.8%。据全国动漫游戏行业专项调查的统计结果显示，2009 年动漫企业享受的减免税总额为 1.5 亿元，比 2008 年增长了 75.9%。"真金白银"的支持不仅为动漫产业的发展创造了更加有利的条件，增强了动漫企业的赢利能力，还吸引了其他产业对动漫的投资和关注。第六届中国国际动漫节在参展国家和地区数量、参观人次、成交签约总额等方面均创下历届之最——共有来自 47 个国家和地区的 365 家动漫企业参展，吸引 161 万人次参观；签约项目近 200 个，涉及金额 83 亿元，现场成交额 23 亿元，总金额达 106 亿元。

令人惊喜的数据一年比一年令人鼓舞，然而，相比美国动漫产业 2000 多亿美元的产值，日本动漫产品占据世界动漫市场 65% 的份额，这些数字不值得中国动漫人"沾沾自喜"。与美国、日本等动画产业发达国家相比，中国动漫产业发展仍面临原创生产力缺乏、创意水平低等诸多问题。2010 年的中国动漫市场被来自美国的《阿凡达》"攻陷"。这部拿下全球影史票房第一的动画电影以令人震撼的特效、融合世界各地的文化元素为每位观众造了一个自己心中的梦。美国动漫的创意执行力可见一斑。反观国产原创动漫作品，除了《喜羊羊与灰太狼之虎虎生威》取得了不错的票房之外，其他动画电影的市场表现均不尽如人意。相较之下，国产动画电影明显处于弱势。

中国动漫产业快速发展的同时，外包加工、代工的"纽扣现象"也非常突出。我们仍然处在动漫产业链的低端，创意是别国的，品牌是别国的，投资是别国的，我们只是拿一点加工费。在这种状况下，中国动漫亟须突围，抢回中国传统历史故事、童话故事、神话故事等文化资源的开发主动权，找到"走出去"的世界语。

《阿凡达》的世界语

美轮美奂的潘多拉星球如梦似幻，犹如仙境，飞流直下的瀑布、漂浮在云中的山峦、默默含羞的粉红植物、夜间发光的大树，以及拥有蓝色的皮肤、尖尖的耳朵、纤细腰身、行动敏捷的纳威人，他们之间都可以交流，树木间、人与兽之间都能通过"触须"传递信息，仿佛拥有共同的生命脉搏。参天的古树枝繁叶茂，牵缠百绕的藤蔓不见头尾地悬挂在空中，各种奇形怪状的动物仿佛又回到了侏罗纪时代。潘多拉星球上的这一切以及这里发生的故事都让观众沉醉其中，也让《阿凡达》登顶全球票房总冠军。

《阿凡达》的成绩究竟源于什么？有人说是导演极具票房号召力，有人说技术与特效突破功不可没，还有人说是营销做得太成功。电影的剧情似乎并不太受推崇，甚至有人认为《阿凡达》的故事有些老套，但没人可以否认，它将一个老套的故事配合炫目的特效、动人的细节讲得引人入胜，让整个地球上的人们都为之疯狂。

当我们一一剥开让观众津津乐道的细节，会发现《阿凡达》打动世界各地观众的基础逻辑是，它满足了不同地方人们的情感慰藉和自我欣赏。影片中有一场让人震撼的仪式，在气势恢宏的战斗场面下和美轮美奂的神奇星球上，有种别样的静谧。那种敬畏神灵的仪式，似乎透着印第安文化的影子，又让人隐约感受到了东方的神秘之感。还有人说，纳威人的身体主色调是蓝色，除了因为詹姆斯·卡梅隆本人很喜欢蓝色，还因为在某个印度神话中，神的颜色都以蓝色为主。除了这些，《阿凡达》还有很多细节会让世界各地的人们产生认同感。比如，潘多拉星球的场景设计源于中国很多地方的景色，像桂林、张家界、黄山等。再比如，女主人公的形象融合了优雅、尊贵和力量，她看起来像猫，因为猫这个形象所有人都能接受，并且猫是一种比较优雅的动物，很可爱，很有魅力。同时，《阿凡达》的形象设计中也融入了美国的文化元素，以及非洲马赛人的一些文化元素，给大家一种比较熟悉的感觉。再比如，影片中纳威人的语言比较接近澳大利亚口音。即使是被批评的老套的剧情也能让很多人产生共鸣，有人说剧情影射了美国对印第安人的侵略，有人说是"开发商和钉子户的故事"，还有人说是人类对大自然自私地掠夺……不管哪一种影射都能打动认同它的人，产生震撼人心的效果。

爱情、动作、科幻、战争、特效、三维、环保，所有的商业和现代时髦元素都可以在影片中找到注脚；东方的景色、西方的面孔、亚洲的文化、非洲的信仰……隐藏在《阿凡达》中的世界语或许就是打开动漫市场的消费密码。

据不完全统计，2010 年我国原创动画产量超过 20 万分钟，生产量位居全球第一。其中有多少动漫作品真正走进全球市场，又有多少动漫形象深入人心呢？寥寥无几。问题的症结在哪里？又该如何破局？《阿凡达》概念设计师狄伦·科尔说："我觉得中国应该找到自己的特殊风格，形成自己的特色，而不是成为日本、美国的复制品，单纯模仿别人。中国拥有悠久的历史，人口众多，拥有全球最大的市场之一，所以你们应该创造属于自己的动画。当然，这说起来容易做起来难。"如果我们从《阿凡达》打动世界的角度对这段话进行解读，中国动漫产业的破局之道似乎在于开发理念，在于表达方式，在于能够融入世界，打造和世界相互沟通的中国动漫的世界语。

越是世界的越是民族的

你心中印象最深的动漫形象是什么？功夫熊猫、龙猫、阿凡达、《飞屋环游记》中的老爷爷和那个小男孩……这些动漫形象都来自国外的动漫作品，中国的动漫作品中能够让观众印象深刻的动漫形象是什么？到底什么样的动漫作品能够赢得市场，让全球喝彩？我们给国内几家领先的动漫公司布置了一道作业，"用自己的表达方式分析一下《阿凡达》在中国的热映"，我们希望从他们的答卷中寻找中国动漫的世界语，然而结果并不理想。

现场的故事依然比设想的复杂，虽然拍摄的主题没有走样，叙述和交锋却反复曲折，出人意料。几个公司的作品基本都是反映买票的现场、衍生品的现场，动画情绪都是小孩狂喜、争相模仿、市场火爆、家长或高兴或不解，画风有葫芦娃式、魔术师式，还有清朝的古装风……

故事、文化、表达、形象……在动漫作品的各个元素中，到底哪一个才是寻找中国动漫世界语的突破口？中国传媒大学动画学院院长助理王雷表示，他在几家公司的作品中看到了想成为《阿凡达》的愿望，这让他感觉很不舒服。他说，中国动漫要想取得成功，应该去走自己的路。詹姆斯·卡梅隆先生在创作《阿凡达》的时候，他一定没有考虑到中国的观众，他是在很有诚意地去好好讲一个美国人的故事，但是他讲好了以后我们中国人也会喜欢。这个公式反过来也是成立的，如果中国的动漫很有诚意地讲一个中国的故事，只要我们讲好了，美国人也会喜欢。宏梦卡通集团董事长贺梦凡说，我们寻找中国动漫的世界语，首先要打破在形象设计上的诸多理性诉求，新颖可爱是第一位，比如日本的凯蒂猫 Hello Kitty，非常简单，但很奇妙，可以在全世界传播。我们现在的重要任务是让我们创造的形象独特、新颖、更有吸引力。夏天岛工作室创始人姚非拉则认为，独特形象的背后是其思想、行为、生活积累，这不是一个技术活，而是你如何去观察生活的态度，以及如何跟社会和家人沟通，这都会影响你对形象的创造力和理解力。好的动漫形象来自立体化全方位的理解和积淀。

外国嘉宾再次发力，强调形象只是一部分，更重要的是故事。《阿凡达》造型师九度·谢尔表示，我们设计的人物再好，也离不开一个好的故事，所以在设计形象之前，必须先设计一个好故事，要把这个形象融入这个故事中。如果仅仅是一个形象，无法反映故事的内核，那么它就只是一个符号，本末倒置。所有我们喜欢的形象都是因为他们在故事里扮演的角色，当我们看到这个形象就会想到它的动作，以及在故事中表现出的性格特点，所以好故事真的很重要，而形象是为故事服务的。《功夫熊猫》导演兰道夫·格诺顿披露，他们设计《功夫熊猫》的故事花了 5 年时间，其中 3 年在写剧本。熊猫角色不能偏离自己，这部电影讲的是有关他自己的故事，情节必须是真诚的，表现他想做的事，不能完全虚构，人物要有真实的个性。所以成功的好形象必须有个好故事，让好形象在故事里演绎它自己的一切。

　　故事很重要，中国动漫有没有好故事呢？2003 年，有一部讲中国故事的动画片《中华小子》在法国戛纳电视节上以第五名的成绩大放异彩。第二年，这部动画片再次走进戛纳电视节，获得了第九名。这是戛纳电视节历史上第一次一部动画片连续两年进入排行榜。其中有个小细节让主创方"今日动画"的掌门人张天晓感到非常振奋，迪士尼打电话希望购买播映权，张天晓说片子还没做出来，迪士尼说我们不等你片子做出来，等你做出来我们就拿不到这部片子了。之后，《中华小子》的播映权预售到法国、德国和美国迪士尼频道。在法国，该片以《少林武藏》的名字一经播出就获得了青少年节目收视率的冠军。张天晓说，他心目中的《中华小子》"不是中国人讲中国故事给老外看，而是老外讲中国故事给全世界看。这样，外国观众既不会陌生，中国观众也能有新鲜感。"虽然个例不能代表普遍水平，但寻找中国动漫的世界语似乎有了一点方向，就是讲好中国故事。

　　2021 年 10 月，国家广播电视总局印发《广播电视和网络视听"十四五"发展规划》，强调"支持创作体现鲜明中华文化基因、中国故事元素、中国审美特色的经典民间故事题材重点动画作品"。在中国动漫产业发展历程中，从《美猴王》到《西游记之大圣归来》，从《哪吒闹海》到《哪吒之魔童降世》，经典的中国故事在不同的时代依托不同的技术呈现了不同的表达，其中不乏佼佼者，但更多的是平平无奇之辈。同样的故事内核为何最终呈现的作品大不一样？执行力出了问题。

吴建荣讲了一个他亲身经历的故事。新加坡一家发行公司的创意人员画了一个蛋，带着草图找到吴建荣，说这是他的创意，要价 3000 万~5000 万美元。虽然他画的这个蛋单张、折页的都有，但是要把一个蛋做成动画片好像不太可能，而且要投资这么多钱，吴建荣觉得不值。后来这个创意被迪士尼买走了，做成了全球最赚钱的动画系列之一《冰川时代》，那个蛋就是影片中一直被史前松鼠鼠奎特追逐的橡果。在《冰川时代》系列中，鼠奎特并不是主角，但它始终与一颗橡果纠缠，它将橡果插入冰山之中，引发了冰川大崩裂，开启了第一部的故事；当它将陷在冰山上的橡果拔出来后，又引发了融冰之灾，开启了第二部的故事；第三部中，它为了心爱的橡果放弃了爱情；第四部中，它追着落入地壳深处的橡果不停地奔跑，引发了地球地表分裂；第五部中，它追着橡果追到了太空，使得一颗小行星的轨迹发生偏移，向地球俯冲而来；第六部中，它把橡果插入雪地，观察一番后，还是吃掉了整颗橡果。从一个画在草图上的蛋到一颗橡果，再到上天入地、震撼人心的一系列故事，这样的创意执行力让我们感到惊叹。橡果这个世界通用的元素，套上"松鼠想要吃掉橡果"这个大人小孩都理解的故事，再通过一系列思维的突破，成就了《冰川时代》。

创意执行力在同一个创意面前高下立现，差距在哪里呢？吴建荣认为，主要区别是中国动漫成本抠得太死，时间还要求短，许多大导演、好作家也不愿意来。贺梦凡加棒深化，指出其实不是钱的问题，中国动漫产业也有大量的资金涌入，最重要的还是缺真正的好创意，旧式说教还是很多。作家麦家也表示，中国动画片中的教育意义有点夸大了，他希望能够寓教于乐。这个观点得到了外国嘉宾的认同。兰道夫·格诺顿提出了自己的看法，他发现中国动漫好像仅是给孩子看的，欧美则认为动漫是孩子和成年人都可以看的，它可以很有教育意义也很好看，这就是寓教于乐。动漫作品只有既能给孩子看，成年人也愿意看，每一个人都喜欢看，整个动漫产业才可以兴旺发达。

寓教于乐或许是中国动漫突破创意困境的一个方向，但到底如何能够更快地掌握走遍世界的世界语呢？这个问题依然没有找到答案。王雷以《功夫熊猫》为例抛出了自己的观点，他认为《功夫熊猫》之所以能够俘获全世界观众的心，除了功夫、熊猫这些极具中国特色的元素，更重要的是情节里设定的师徒关系。师徒关系不只在中国文化里有，西方文化中也有，所以它可以算是这部影片的世界语。兰道夫·格诺顿承认了师徒关系是他们想要表达的世界语，同时强调实现自我价值、追求自我卓越的价值观念也是他们想要传递的信息。

　　高歌猛进、产量大增的背景下，中国动漫的一线创意制作力量在与国际竞争对手同台比拼中显得生涩而单薄。我们有上进的动力、决心、勇气和努力，但大团队的综合实力、社会生态及配套资源很难靠某个公司或机构，以及一两个国家职能部门解决。更令人担忧的是，中国动漫的一线执行人都以为自己找到了突破的方向和战略，正在全力推进，可是恰恰在"寻找中国动漫的世界语"这一掌子面上暴露出软肋。大家寻找世界语的意识并不强烈，对市场的商业逻辑、创作的故事逻辑没有深入的思考和反思，对模仿学习、消化吸收超越的制造业模式还有很强的路径依赖。文化产业的逻辑和其他产业很不一样，因为它的产品是创意产品，不能像物质产品那样反复实验，也不能有很多档次的产品在市场上生存，比如可以有各种档次的汽车，同一档次的汽车还可以有不同的配置，但不可能有不同层次的《阿凡达》《功夫熊猫》或者《大闹天宫》。

　　功夫也好，熊猫也好，师生关系也好，实现自我价值的观念也好，甚至是《喜羊羊与灰太狼》中羊和狼的对立矛盾关系、灰太狼和红太狼的夫妻关系以及他们和小灰灰的亲子关系，都是消除文化隔阂的世界语。中华民族的文化资源也好，其他民族的文化资源也好，都需要用世界语来进行创意开发，才能真正赢得世界的认可和欣赏。

动漫突破成人思维的执行力

2011年中国动漫产值达621.72亿元，中国成为世界动漫生产大国。中国动漫产业不仅在企业数量、动漫产品质量、行业营收规模等方面有了大幅度翻倍提升，消费人群也有了极大的变化。《2011中国电影艺术报告》调查显示，2010年中国上映的动画电影观众主体83%是成年人，其中18~29岁的青年人占比高达62%。动漫产业的消费者逐渐从以儿童为主转变成以年轻人群为主，这意味着中国动漫产业的市场进一步扩大。

自2006年《关于推动我国动漫产业发展的若干意见》发布之后，国家和地方陆续出台了一系列对动漫产业的扶持政策，补贴、减免税等优惠政策极大地促进了动漫产业的飞速发展。到2011年，不少资金扶持政策的第一阶段到期，"断奶"之际拷问成色恰逢其时。虽然我国动漫产业在国家产业政策的扶持下取得了巨大的成就，但应该清醒地看到，我国动漫产业仍处在初级发展阶段，整体发展水平还不高。从内容创意、制作质量、衍生品开发等角度来看，国产动漫作品普遍存在"故事老套、特效生硬、细节处理不佳"等问题。归根结底，不深耕、缺乏想象力和创造力是中国动漫产业发展的最大障碍。

当真切感受到市场前沿产业实践和理解的水平后，我们决定再次进行深入观察，对中国动漫同步观照，不再单纯地做旁观者，展开一次创新之旅。

一个命题试出深浅

孩子为什么不爱逛商场？因为大人看到的是商品和人流，孩子看到的是各式各样的大人的屁股。世界的精彩和视角关系极大。联想到动漫世界，枪是打不死唐老鸭的，再小的缝隙米老鼠都钻得进去，小鸡可以航天，苍蝇也能扒着飞船去太空……神话般的逻辑，刀枪不入、长生不老、上天入地在动漫作品里司空见惯，全然不是成年人世界的规矩。

在《冰川时代》系列作品中，橡果虽然只是一个非常小的道具，却在推动剧情发展方面起着至关重要的作用，这都得益于毫无限制的想象力。在成年人的世界，橡果会被摔烂，会冻坏、变质，但在孩子的世界里，这枚橡果无论是掉入地壳还是进入太空，无论是埋入冰山还是穿越时空，无论是遭遇雪崩还是板块移动，它都没有变化，依然还是那枚橡果，最后终于被松鼠吃掉。这样的创意和想象力是属于孩子视角的，同时又吸引着成年人的眼球。

动漫创作需要的正是这种突破成人思维的创意。两年前我们第一次遇见中国动漫时，创意、投资、制片、营销、教育等各方势力都在抱怨别人不行，也都强调自己做出了或者说正在做哪些努力。经过几年的历练，大家各自都长了什么本事、能否在市场上一展雄心，还要看脚踏实地的执行力功夫，而且是全方位多层次的执行力。我们决定同样以试题的形式寻找答案。我们邀请了几家动漫公司进行同题创作，这次不只选影响力大的公司，也不只选中国的公司，而是广发英雄帖。试题的主题是《猴子总动员》，作品展示也改成了现场情节接龙，每个公司只需要用四格画讲出一个情节，出现重大转折就打住，让后面的公司接着往下续。

故事从身披超人披风准备去珠穆朗玛峰冒险的小猴子乐乐开始，在飞跃巧克力雪山的途中，他掉进了冰激凌雪山。（接龙）定睛一看，他发现这里不是冰激凌雪山，而是一片树林。他捡起3片树叶做成螺旋桨飞了起来，但是他没有注意到有一片树叶上有青虫，青虫吃掉了螺旋桨上的一片叶子，螺旋桨失灵，他掉到了一个蜘蛛网上，一只大蜘蛛正虎视眈眈地盯着他……

创意果然有所升级，但没有看到出其不意的惊喜。乐乐掉到蜘蛛网上后，来自外国动漫公司的接龙真的显示出了差异。迪士尼动漫的动画师说，乐乐掉到蜘蛛网上的时候看到了他好久没有看到的老婆快快，于是他们永远快快乐乐地生活在蜘蛛网里面了。美国《海绵宝宝》的编剧说，大蜘蛛和乐乐一见面就分别发出啸声吓唬对方。这个时候，我们的视线移出电视，我们看到一只黄色的手点击了鼠标，海绵宝宝跟他的同伴说："这只猴子真是太勇敢了，但是我觉得这只蜘蛛会让你做噩梦的。"他的同伴说："是啊。"法国作家说，乐乐被蜘蛛咬了一口，毒液让乐乐长出了很多很多蜘蛛脚，乐乐就可以飞走了。

到底谁的创意最吸引孩子呢？节目现场的 10 个孩子中有7 个孩子把票投给了外国动漫公司组成的蓝队，迪士尼动漫的动画师收到了 7 个代表支持的蓝盒子，场面属实有趣。虽然中国的动漫公司强调他们试图从孩子的角度去创作故事，比如假设孩子喜欢巧克力雪山、冰激凌雪山这样的元素，但这似乎仍然是成年人眼中孩子的喜欢。猴子掉到蜘蛛网上居然遇到了自己的老婆，这种颠覆性的创意转折带着惊喜，才能真正打动观众，不管是孩子还是成年人。

一个命题引发的创意高低当下立现。中国动漫的创意更趋于保守，基本都是围绕乐乐本身的经历在进行创作，而外国动漫则完全打开了想象的翅膀，乐乐遇到不同的人引发了完全不同的故事方向。这种差距并不是是否想到被蜘蛛咬了之后会长出很多蜘蛛脚的这种创意点的差距，而是思维框架的差距。中国的动漫往往是在条条框框中加一些创意的突破，但真正好的创意要从一开始就打破这些条条框框，大胆、自由地展开想象。

中国动漫要想突破成人思维，首先要提升的是编故事的能力和基本功，要打破常态思维，出奇出巧出想象力。放飞想象力之后，还要提升故事表达的世界语开掘能力，比如要突出猴子的理想还是猴子的爱情，哪一个主题更具有普世性，用什么情节编出好看的桥段、精彩的场景，猴子的形象、性格如何塑造等。反观国产动漫，缺少的正是出奇出巧的想象力，就连妖怪都是蛤蟆模版加点局部变形。如果可以从头再来，侏罗纪世界还可以有哪些群落，封神演义中的众神都有怎样激动人心的故事，《大闹天宫》的美猴王造型还可以有哪些创新，《功夫熊猫》里的师父和众多邻居还可以设计成什么样的形象？当我们把这样的突破放到中国动漫产业中去思考，当初的抱怨和问题再次浮上水面。人才在哪里？有多少报酬？创作时间是否宽裕？投资在哪里？营销推广怎么做？对话似乎又回到了三年前。其实，螺旋上升是规律，核心是我们在孜孜以求向上攀登！这次遭遇的问题可能是一样的，但体量和品质已经和从前大不相同了。

通过三年近距离观察，我们有收获也有理解，一个行业的发展不是靠逻辑而是靠实践，靠创新，靠执行力！

创意的可能与可行

"刀疤！弟弟，弟弟，救救我。"老狮王艰难地扒着石头往上爬，石头上留下一道道触目惊心的爪痕，他期盼并且相信站在悬崖边上的弟弟刀疤会救他。一脸冷漠的刀疤突然伸出双爪，老狮王发出痛苦、惊讶的低吼，刀疤用力一甩，老狮王掉入了奔跑的野牛群。"不要！"目睹这一切的辛巴撕心裂肺的声音响彻天地。这是《狮子王》被观众称为"虐到心理阴影"的一幕，无数观众跟着辛巴在恐惧、无助、伤感的情绪下痛哭。实际上在创作阶段，《狮子王》团队为这个场景设计了 150种老狮王的死法。

中国的动漫产业会有人为了创作一个情节投入十多个人、两年时间吗？有人用"市场调查"来回答这个问题，他们设计出一个动画造型之后会放到网上，然后根据这个造型的点击率来判断接下来的创意走向；有人用"量化指标"来回答，他们会给自己制作的动画片找一个参照的样本进行类比，类比的时候请观众来看样本动画片和他们制作的动画片，然后观察观众专注地看有多少分钟，笑有多少分钟，紧张的表情有多少分钟，统计起来寻找不足，然后修改；还有人用"研究所有的好影片吸取营养"来回答，他们在创作之前会用 3 年时间研究好影片的镜头表现形式、剧情结构、场景设计等。

《海绵宝宝》的编剧说，他不反对研究优秀的动画作品，但是决不能看到一个动画场景就说这就是自己想要的，因为它表达的并不是你的想法，而应该消化之后再结合自己的经验和创意表达出来，用你的情感和绘画手法来讲故事。

参与过《狮子王》创作的刘大伟则毫不客气地说，中国的动漫人希望从美国、日本那些优秀的动画片中寻找成功的公式。但是，迪士尼动漫制作的那么多优秀的动画片都是没有公式的，他们的创意是活的，你抓不到它。创作《狮子王》的时候，他们想到老狮王的150种死法之后，再运用倒推法去设计剧情，比如说老狮王如果死在海岸边，那么他是怎么死的，又是怎么到的海边，发生了什么事情可能导致他死亡，死亡之前他是和谁在一起……为了准确表达老狮王死后小狮子的反应、感受，创意人员不仅天天跟狮子生活在一起，观察、体验狮子的感觉，还自己装成狮子，去思考"我要是小狮子，我爸爸死了，我会怎么样"。

一切都不是我们想象的样子。当我们在通过市场调查、公式研究、模仿别人的创意的时候，他们已经用强大的创意执行力让创意从可能变成可行。

刘大伟说，创意就是最伟大的叛逆，就是颠覆，颠覆一切。他们在创作《狮子王》的时候，有一个故事情节是小狮子辛巴被刀疤赶出狮群，他在野外遇到了野猪和细尾獴。按照成人思维，狮子肯定会把野猪和细尾獴吃掉。但是他们并不按常规出牌。野猪和细尾獴看到狮子的时候很害怕，赶快跑，跑着跑着发觉这个小狮子是一只温柔、善良的狮子，它不吃跟它有感情的朋友。这样就颠覆了普通人的思考逻辑，让创意天马行空一般发散，剧情表达也就更活泼、更吸引人。

有人认为，创意的背后需要大量的资金，如果中国的动漫公司也像迪士尼那样，用很多人花两年时间研究一个创意，公司经济无法支持。中国台湾漫画家蔡志忠否定了这个观点。他说："我大概花 99% 的时间思考，最后才花 1% 的时间把它完成。我不认为创意要靠金钱，创意需要靠你的心。"

对话进行到这里，我们看到中国动漫的创意依然无法逃离模仿、学习，或许这就是中国动漫产业创意执行力缺失的根源所在。

1998 年，迪士尼以中国民间乐府诗《木兰辞》为故事蓝本，改编创作了动画电影《花木兰》。尽管该片的故事情节力求保持原著的精神，但仍然不可避免地走向了迪士尼式的公主与王子的情感故事。但是片中加入的"小龙"木须却是很出彩的一个创意，它的存在有点像《阿拉丁》中的魔毯，既弥补了主角的单调，又撑起了故事的戏剧结构。1999 年中国推出的《宝莲灯》也尝试引入了类似的创意，"小猴"的设定既和"木须""魔毯"相似，又保留了"中国味道"，可谓是神来之笔。此外，《宝莲灯》在制作流程、剧本大纲、人物设计等方面也开始突破中国传统动漫的制作手法，积极学习迪士尼动画的工业，同时又保留了强烈的中国特色，包括故事中传递的精神内涵，在场景中融入了兵马俑、羊皮筏子、土地公公等中国元素。《宝莲灯》上映之后，有人对影片大量借鉴迪士尼动画电影的特点表示质疑，然而我们无法否定《宝莲灯》是中国动漫高品质的力作。无论是制作理念还是市场表现，《宝莲灯》都在中国动漫产业中留下了浓重的一抹色彩。但个例的成功不能代表水平的普及，中国动漫不能仅靠学习闯荡天下。

在这样一个躁动不安的市场环境下，市场期待值不断提高，中国动漫人的任何努力都应该是鲜花和批评相约而至。可是市场就是市场，静下心来，把动漫当成产业来做，当成事业来干，需要勇气，更需要忍受寂寞的定力。对于发展很不充分的中国动漫产业来说，做，就是最好的选择。当年一部《大闹天宫》将国产动画提升到了世界顶级水平，甚至超越了迪士尼动画的很多作品，很快就收获了国内国外的多项大奖。影片中的美猴王的确老少皆宜，全球认同。这就是中国动漫的世界语，有中国传统名著串起的东方神话、民间传说，有"一个筋斗十万八千里、七十二变"等彻底打破成人思维的精彩故事，有一批有志之士倾心打造的形象和情节。最近几年火爆的国产动漫作品也充分体现了这一点，最突出的应该是《哪吒之魔童降世》。这部动画电影有很多创意上的突破，不仅和市场上类似的妖怪形象有明显区隔，故事情节也多了人间烟火气，打开了中国动漫创意执行力的康庄大道。

　　我国动漫产业飞速发展的过程跌跌撞撞，有摸到高峰的时候，也有交学费探索的时候。在这个过程中，央视《对话》栏目三次走进"中国动漫节"，和中国动漫产业来了三次深度拥抱，作为一面镜子，照见了我国动漫产业的优势和不足。

第 3 章

城中自有『颜如玉』

城市沉淀的文化基因与历史遗产，是一座城市最厚重的底色、最值得保护的对象，同时也是这座城市焕发创新生机的能量源泉。但数以万计的历史文物沉睡在地下仓库，激情岁月的历史故事隐匿在狭窄小巷，千宫之宫的历史遗迹埋藏在无序开发的新旧城区……随着中国城乡建设步伐的加快，在城市发展的过程中如何保护和利用历史文化遗产已成为最突出的矛盾。

在应对和解决这个矛盾的探索中，故宫博物院的创新开发，上海和西安基于自身城市特色和优势的探索，分别走出了不同的创新之路。虽然它们的文化资源千差万别，采取的措施也各不相同，最终却殊途同归，都在对历史文化遗产的保护和利用之间找到了一种平衡。在"保护"的底线之上，它们充分挖掘历史文化资源，以经营手段释放文化空间创意，进行文化业态创新，打通文化和贸易、保护和利用之间的阻碍，提高人民群众对历史文化遗产的参与感、获得感和认同感，从而让历史文化遗产获得更好的保护，让城市居民共享历史文化遗产保护成果，同时推动城市现代化进程的发展脚步。

2021 年 9 月，中共中央办公厅、国务院办公厅印发了《关于在城乡建设中加强历史文化保护传承的意见》，强调在城乡建设中系统保护、利用、传承好历史文化遗产，对延续历史文脉、推动城乡建设高质量发展、坚定文化自信、建设社会主义文化强国具有重要意义，同时明确了保护重点、保护措施，为在城乡建设中保护和传承历史文化遗产提供了方向。

《"十四五"文化和旅游发展规划》提出，"健全现代公共文化服务体系"，要求健全基层公共文化设施网络，创新打造一批"小而美"的城市书房、文化驿站、文化礼堂、文化广场等城乡新型公共文化空间；加快公共数字文化建设，大力发展云展览、云阅读、云视听，推动公共文化服务走上"云端"、进入"指尖"。

对于一个拥有五千年历史文明的大国来说，当越来越多的城市驶入发展的高速公路，历史文化遗产的保护和利用这一课题的研究价值将会更加凸显。站在这个历史节点，我们回望故宫博物院、上海、西安对历史文化遗产保护和利用的创新之路，这些政策如粒粒珍珠铺撒一路。然而，当时作为"第一个吃螃蟹"的创新者，它们遭遇了怎样的质疑与阻碍，又是如何突出重围，坚定地走出去的？我们从它们的故事中或许可以窥探一二。

打开故宫的大门

对于一座城市而言，博物馆不仅是历史记忆的载体，更是文化传承的宝库,但博物馆从来都不是以营利为目的的经营主体。国务院 2015 年 2 月 9 日发布的《中华人民共和国博物馆条例》对博物馆的定义是"以教育、研究和欣赏为目的,收藏、保护并向公众展示人类活动和自然环境的见证物,经登记管理机关依法登记的非营利组织",鼓励博物馆向社会免费开放。事实上,从 2008 年起,我国博物馆已经开始实施向社会免费开放的政策。截至 2020 年年底,全国共有 5788 家博物馆,其中 90% 以上的博物馆已经实行了免费开放。

在免费开放政策以及公众对精神文化方面的需求不断扩大的推动下,我国博物馆产业进入了高速发展阶段。我国博物馆机构的数量在 1996 年仅有 1219 家,2020 年已经增长到 5788 家。博物馆开办的展览次数也从 2013 年的 7650 次增长到了 2019 年的 28701 次。博物馆参观人数在 2010—2017 年保持着 8% 以上的较高增长速度,2017 年已经达到 9.72 亿人次,2019 年达到 12.27 亿人次。2020 年即使受新冠病毒感染影响,我国博物馆接待人数也达到了 5.4 亿人次,线上展览的总浏览量超过 50 亿人次。虽然没有了门票收入,但我国大部分博物馆的收入不减反增。我国博物馆业的收入在 2017 年增长到 325.56 亿元,2019 年达到 337.63 亿元,2020 年因新冠病毒感染影响略有下滑,但整体数据仍在 326.97 亿元。

在博物馆产业迅猛发展的过程中,"文化创意"俨然是一道最令人瞩目的风景，不仅成为博物馆创收的主要来源，还承担着激活博物馆文化资源价值，连接历史与当下生活、公众与多元文化的责任。

2014年3月，国务院出台《关于推进文化创意和设计服务与相关产业融合发展的若干意见》，标志着"依托文化文物单位馆藏文化资源，开发各类文化创意产品"成为国家战略。2015年3月20日，《中华人民共和国博物馆条例》正式施行，明确国家鼓励博物馆挖掘藏品内涵，与文化创意、旅游等产业相结合，开发衍生产品，增强博物馆发展能力。这为博物馆发展文化创意相关产业提供了制度保障，也推动博物馆文化创意产品研发与销售进入"快车道"。

一面是参观人数以及公众对文化需求的大幅增长，另一面是博物馆接待能力不足、展览方式落后；一面是文物保护责任重大，另一面是藏品内涵挖掘、文化开发紧迫；一面是鼓励免费开放，另一面是鼓励多渠道筹措资金促进自身发展……博物馆产业在迅猛发展的高速路上，矛盾也像路障一样不时出现。如何在快速发展中正确处理这些矛盾，成为我国博物馆产业亟须解决的问题，而故宫博物院显然交出了一份不错的答卷。

如何将历史的内涵秀给如今的世界，每个文化的后人都有自己的努力和风采。法国卢浮宫艺术博物馆的独特，英国不列颠博物馆的厚实，美国大都会博物馆的开放等，都能巩固提升文化在人们心中的地位。博物馆不论是捐赠还是科普，或是授权、收藏、文创经营，其背后都有自己的商业逻辑。

故宫博物院是东方文化传承的集大成之地。这里镌刻着中华历史文化的记忆，不仅是雄厚的皇家文物藏品的宝库，更是东方哲学、建筑、音乐、绘画、书法、制造工艺的高地。灿烂辉煌的文化期待通过现代生活中的产业进行表达，穿越历史和文明，给大众一个友好可感的美好感受。因此，故宫博物院的商业逻辑是满足中国庞大观众群体对国宝和王朝时代的好奇心，让更多观众感知到中国传统文化内涵的丰富，感受到顶级东方艺术的魅力，追忆皇家生活的奢华和品格。触摸、感知并留存纪念那份心中的美好，这是富起来的中国人的核心精神需求，满足这种供需关系是目前故宫博物院文创经营的第一逻辑，但这还不够，只有深度开发才能够触到博物馆文化的更多模式。

无论是故宫的雪景、《千里江山图》团扇还是"故宫展览"App，无论是一个又一个受到追捧的展览还是故宫开放更多空间和藏品给大众，无论是文创产品授权经营还是故宫文物和文化的外溢效应，背后的核心逻辑都是满足市场需求的经营意识和执行力。

变与不变：文化与需求的对话

2019 年 4 月 8 日，"网红院长"单霁翔卸任故宫博物院院长一职，网友纷纷表示不舍，同时送上祝福，"快乐退休"短时间内冲上热搜，如此景象实属罕见。

2012 年 1 月，单霁翔出任故宫博物院第六任院长。在他上任之前，2011 年故宫博物院的年参观人数达到了 1400 万，成为全世界唯一一座参观人数超过 1000 万的博物馆，门票收入达到 6.5 亿元。骄人成绩的另一面，是故宫正在因"失窃门""错字门""会所门""文物破坏瞒报门"等事件遭遇信任危机。

面对这样的故宫，单霁翔是如何带领它成为年轻人追捧的"网红打卡地"，走入"寻常百姓家"的呢？在《对话》2019 年 9 月 30 日的节目《在故宫读懂博物馆》中，单霁翔给出了自己的答案："加创意。"而其他几位来自世界各地的博物馆馆长也基于自己的文化给出了不同的答案。法国里昂汇流博物馆馆长伊莲娜·拉丰·库图里埃强调，"博物馆就是要给观众讲故事"，叙利亚大马士革国家博物馆馆长卡西姆·穆罕默德则强调，"我们有很多的教育活动，这样能更好地把人们吸引到博物馆里来"。他们的答案正好对应了这期节目一开始他们带来的代表性文物藏品。法国里昂汇流博物馆馆长带来的是

"一件谜一般的作品，因为还没有了解这件文物的全部信息"，听起来就充满了故事感。叙利亚大马士革国家博物馆馆长带来的则是"世界上最早的字母表，它是刻在小陶土片上的楔形文字"，字母、文字都是教育最好的载体。可见，无论处在世界哪个地方的博物馆，其核心职能都是将自己的文化展示给如今的世界，让自己的文化能够走进人们的生活中，走进人们的心中。

单霁翔在参加央视节目时，展示了藏品"金瓯永固杯"。"在它的本体上镶嵌着 48 颗珍珠、玛瑙和宝石。每年除夕子夜，皇帝和他的家族要聚集在乾清宫里面，后来在养心殿里面，开笔写下祝福一年的祝词。首先就由小皇子在这个杯里斟满屠苏酒献给皇帝，皇帝把它放在案子上，然后开笔。这件杯上有四个字——金瓯永固，祝福国泰民安，繁荣昌盛。所以它的寓意也很好。"对于故宫浩如烟海的藏品而言，这只是 186 万多件文物中的一件，但它却能够满足中国观众对故宫博物院珍藏的国宝以及王朝时代的好奇心。杯身奢华的设计既让我们感受到顶级东方艺术的魅力，也浓缩了皇家生活的奢华与格调。一个小小的杯子背后隐藏的故事，则展现了中华传统文化的内涵。

在世界范围内，绝大多数博物馆的藏品都呈金字塔结构，即塔尖是"镇馆之宝"，腰身是一般文物，底层是珍贵资料。

故宫博物院却是一个例外，呈倒金字塔结构，其中珍贵文物168 万多件，占据总藏品的 90% 以上，剩余的是 11 万多件一般文物和 7577 件标本。数量如此庞大的珍贵藏品展出的比例却不到 1%，这和人们急速增长的文化需求显然产生了极大的冲突，也成为很多人"去过故宫一次就不想去第二次"的主要原因。

单霁翔认为，随着人们生活方式的变化，随着人们想利用更多的碎片化时间来增长知识，随着走进博物馆的年轻观众的数量越来越大，博物馆应该不断适应这些变化，在陈列展览的同时，把数字技术、文化创意产品融入进去。但是，不变的是我们要让文化遗产资源能够源源不断地活起来，活在人们的社会生活中。

打开尘封的空间，展示绝伦的文化

2015 年 10 月 11 日的深夜 12 点，最低气温只有不到 9 摄氏度，一排排观众队伍正在武英殿外厅有序地排队移动着，他们可能是故宫博物院历史上第一批凌晨仍旧在等候参观的观众了，但是他们没有任何抱怨，而是满怀期待和欣喜。这天是故宫博物院"石渠宝笈特展"第一期展期的最后一天，之后《清明上河图》将回库房休息十年。故宫保卫处处长介绍说："10 月 11 日，石渠宝笈特展武英殿展区共接待观众 4800 人次左右，闭馆时间为 12 日凌晨 4 点，是展览开幕以来闭馆时间最晚的一天。"当天晚上，故宫博物院工作人员为深夜排队的观众送上了 2500 杯茶水和 800 盒泡面。最后一个观众离开的时候天都快亮了。

像这样举办展览，有入场式，还免费发茶、发方便面，在世界博物馆史上恐怕也是独一份。正是这些贴心的细节，体现了故宫博物院从管理向服务的改变，从以文物管理为中心向以观众需求为中心的改变。过去博物馆的管理模式认为，展示的文物越少越安全，开放的区域越小越安全，所以 2012 年时故宫博物院展出的文物还不到 1%，开放的区域仅为 48%。但是，"故宫跑"事件让单霁翔意识到，人们有强烈的文化需求，人们渴望能够看到更多精彩的展览，能够感受到更多收藏在故宫里的文物融入他们的生活。所以，故宫必须开放更多的区域，展出更多的文物。为此，故宫博物院迈出了自己的步伐。

商业化的第一步——"去商业化"。作为帝制时代皇帝颁发诏书、在重大典礼及重要节日陈设仪仗的"天子门面"——午门，它的每一块砖石都刻着历史的记忆。明清两代的皇帝一定想不到，几百年后，这个广场会成为一个"小商品贩卖地"。作为观众到故宫参观的第一站，人们挤在这里排队买票，排队验票，排队安检，排队存包……即使有闲暇时间也只能到两边的小商店里看看有没有什么和故宫文化相关的旅游纪念品。但是，要想整治这个问题，首先必须面对"去商业化"之后损失掉的利益，这是一场社会效益和经济效益的斗争。最终"以观众需求为中心"的服务理念占据了上风，午门前广场杂乱的小商店全部被清理，清新、庄重、典雅的传统景观恢复以后，人们来到这里就开始期待走进故宫博物院这座文化殿堂。其次，通过和有关部门协调，故宫博物院收回了广场西边一排朝房的管理权，清理之后用作售票，这样一下子就多开了三十多个售票窗口，保证观众 3 分钟就可以买上票。最后，把午门正面的三个大门都打开。午门的正面有三个大门，在清朝时，只有皇帝可以走中间的门，文武大臣走左侧门，宗师王公走右侧门。曾经有一个东北的老大爷，他说自己一辈子可能就来一次故宫，他头天晚上都想好了，一定要像皇帝一样走中间的门进去，结果到现场一看，普通观众只能走两边的小门，中间的门只走贵宾的车队。老大爷就跟单霁翔说，不能当皇帝，太遗憾了。为了打开中间的门，单霁翔做了很多工作。和有关部门协调之后，故宫博物院规定所有的机动车不能在开放时间开进故宫。这项制度制定之后还发生了一件有趣的事。2013 年 4 月，时任法国总统的奥朗德来到故宫参观，午门却在礼宾车队抵达时关上了。单霁翔在午门外候着，引导外宾步行入内。从这天起，国内外贵宾在参观故宫时都没有乘车的特权了，一律步行。同时，单霁翔把原本设在两边门洞里的验票、安检系统移到了广场两边，原来的 2 个口也扩充为 24 个口，这样就解决了观众进故宫需要长时间排队的问题。同时，午门的三个大门都打开了，观众想当"皇帝"就可以走中间，想当"大臣"就走左边，想当"王公"就走右边。

　　大门打开了，观众的体验感就好了吗？单霁翔很快发现了新的问题。观众从午门一路走到御花园会很累很渴，需要休息，很多人就认为有商机了，在里面卖汉堡、烤肠、爆米花，观众买完了以后就坐在那儿或站在那儿吃。整个御花园一到中午就是一个大食堂，空气中都弥漫着汉堡、烤肠、爆米花的味儿，古典园林的意境尽失。故宫博物院对这些商店进行了拆除、整治，恢复了这些地方的传统景观。今天人们再站在乾清门往东南西北看，所有地方都恢复成了传统的样子。

　　没有了小商店，观众吃饭、休息怎么解决呢？故宫博物院单独建立了观众服务区。西部区域的冰窖观众服务中心甚至成为"网红打卡地"。冰窖服务中心原来是古代的冰窖，是钻石结构的古建筑，非常结实。但是它有 100 多年没有用作冰窖了，里面存放着一些木板、汽油桶和建材，没有得到很好的保护。故宫博物院用一年多的时间对它进行了修缮、保护，把它建成了冰窖观众服务中心。参观西部区域的观众累了、渴了，可以就近到这里的茶吧、书吧喝点茶看看书，到咖啡厅喝杯咖啡，到快餐店吃点快餐，同时还可以享受古代皇室冰窖的风采。2022年3月，故宫博物院的冰窖服务区入选"2021全国十佳文化遗产旅游案例名单"。

在央视节目中，对于"网红院长"的称呼，单霁翔表示："其实我不是什么'网红院长'，我就是每天在故宫里面走，所以会接触很多的人。"在走的过程中，单霁翔发现，故宫里面经常是女洗手间门口排了很长的队，而男士都在旁边拎着包看着孩子。很多女士去一次洗手间就要花15~20分钟，而陪同的男士在这个时间段内也走不了。经过大数据分析，故宫博物院把女洗手间的数量增加到男洗手间的2.6倍，有效解决了女士上洗手间要排队的问题。单霁翔看到有人推着婴儿车来参观，孩子哭闹的时候母亲只能匆匆抱起婴儿躲到角落里喂奶。于是，他们在故宫最好的地方增设了母婴室。单霁翔还发现观众休息的时候没有地方坐，只能坐在台阶上、铁栏杆上，甚至是席地而坐。于是，经过反复试验，故宫博物院增设了一万多把极具故宫特色的实木椅子，观众终于可以舒舒服服地坐下来有尊严地休息了。

改革传统的第一步——"恢复传统"。故宫博物院自1925年成立以来，九十多年间积累了135栋临时建筑，其中最危险的就是彩钢房。一间彩钢房两三个星期就可以搭建好，但是它不阻燃，一旦着火就会迅速燃烧。所以，单霁翔首先对59栋彩钢房宣战，启动了彩钢房拆除工程。这个工程的难度首先来自内部，因为这些彩钢房大部分都是故宫博物院的管理人员使用的，拆除之后大家去哪里办公、去哪里吃饭、去哪里洗澡？单霁翔顶着巨大的压力，和公安部消防局的领导一起努力，先把午门下面宣教部的彩钢房拆掉，然后把资信部使用了 8 年的彩钢房拆掉，把行政处 600 人吃饭的大食堂拆掉，把办公区的 13 排彩钢房拆掉，把古建部、宫廷部的彩钢房库房拆掉，西部区域审计室、基建办、预算处三个部门用于办公的彩钢房区域也全部拆掉，一栋都不能留。拆除之后，人们发现，原来这些杂乱无章的彩钢房背后还隐藏着那么多从来没有见过的景观。比如，在南三所皇太子读书生活的地方曾经围了 7 栋花房，连故宫博物院的员工都没有见过南三所到底什么样。故宫博物院在北京郊区西北旺镇建了古典花卉养殖中心，建了温室大棚。每年初春的时候，故宫博物院的工作人员就把这些花草接到故宫的各个庭院，深秋的时候再把它们送回养殖中心的温室大棚里养着。在这里，这些花草养得更好，原来的花房也就没用了。把 7 栋花房拆掉之后，人们第一次看到南三所是什么样的 ——九组院子，绿琉璃瓦，非常漂亮。

创造空间的第一步——"清理空间"。600 岁的故宫，因为疏于打理，到处堆满了杂物，长满了杂草。尤其是非开放区域，更是杂乱差的集中地，大部分都堆放着一些木头、砖头、灰膏等建筑垃圾，不但影响环境，还有很大的安全隐患。故宫博物院首先把散落在各个院子的石刻构件全部集中到东华门下的古建筑馆附近，建了石刻构件保护展示园区，观众可以参观，专家也可以研究。把不断增加的电线和电气设备归整起来入地，既美化了环境，又减少了火灾隐患。把非开放区的杂草、杂物清理、整治了之后，恢复其原来的面貌，然后在这些地方建了故宫文物医院、家具馆、地下库房等，既美化了环境，又提高了空间利用率。

以前堆放杂物的南大库已经变身为家居馆。这个库房一共有156米长，而且非常高大，但是长期以来里面都堆满了各种杂物、建材。单霁翔第一次到南大库，发现台阶底下躺着周恩来总理当时特别要求划拨给故宫博物院的一套兵马俑。它们被海绵包裹着，就那样蓬头垢面地躺在地下，得不到展示。单霁翔说，应该给它们更好的保管条件。于是，它们有了专门制作的收藏囊匣，经过保养以后在慈宁宫的雕塑馆进行展出，神采奕奕。而南大库经过清理后也变身为家具馆，通过仓储式陈列，把故宫博物院收藏的6200件明清时期的家具进行展出。过去这些家具在90多间库房里存放，几十年前搁进去，就再也没有抬出来，最高的摞到11层，不通风，没办法保护，也没办法展示。现在通过仓储式陈列的形式，观众可以立体观赏到每一件家具的状况，甚至可以在情境中体验这些家具在过去是如何摆放、如何使用的。同时，管理人员对这些家具每天进行掸灰尘、开窗通风，维护也变成了常态，这比把这些家具放在冰冷的、不通风的库房里保管要好得多。

经过清理、整治之后，故宫博物院打开了很多过去紧闭的大门，其中当属太和殿两侧的门最受瞩目。太和殿的两边有两个门，西侧叫右翼门，东侧叫左翼门，从来没有开放过，因为门外面是非开放区。所以过去的观众只能沿着太和殿往北走，看到的只有一种景观，就是高大的宫殿、宽阔的广场，一棵树都没有，一直要走到最北边的御花园才能看到树。经过整治后，故宫博物院打开了太和殿两侧的门，开发了门外的区域，举办了丰富多彩的展览。观众从太和殿走出右翼门迎面就会看到 18 棵 300 年树龄的大槐树，也就是著名的"紫禁十八槐"，沿着"紫禁十八槐"就走向了广阔的西部区域。在西部区域，观众可以去武英殿看陶瓷展，也可以去慈宁宫看雕塑展，还可以去寿康宫看《甄嬛传》中的甄嬛（也就是乾隆皇帝的生母崇庆太后）当年居住的场景。观众从太和殿走进左翼门，就进入了过去骑马射箭的箭亭广场，沿着箭亭广场就走向了广阔的东部区域。在东部区域，观众可以去奉先殿看清朝皇帝祭祀祖先的情况，也可以去钟表馆看世界上数量最多、品质最好的 18 世纪西洋钟表，还可以去珍宝馆看 440 多件举世无双的珍珠、翡翠、玉器、金银器等珍宝。观众这才恍然大悟，原来距太和殿两侧一步之遥的地方就有这么好的生态景观，两边有那么丰富的展览。

到 2019 年，故宫博物院的开放区域扩大到了 80%，文物展出比例也扩大到了 2%。现在人们到故宫博物院参观，看到的只有古代建筑，没有任何一栋影响安全、影响环境的现代建筑。他们用 3 年艰苦卓绝的努力，让拥有 600 年历史的故宫焕发出新生机，人们走在其中感受到的都是绿地、蓝天、红墙、黄瓦的美景。2020 年的 12 月 8 日，紫禁城度过了它的 600 岁生日，单霁翔满怀深情地说道："我们可以骄傲地说，我们经过努力，把一个壮美的紫禁城完整地交给了下一个 600 年。"

科技 + 创意就是故宫 + ∞

九十多年来，故宫博物院原状陈列的大殿都是黑黢黢的，天气越好，外面越亮，里面就越黑。人们趴在玻璃上往里面看，因为没有灯根本看不清楚。为了看得清楚一点，观众就会努力地往里面挤，结果小小的殿门口就挤了很多人，有些老人儿童卡在门口挤不进去也挤不出来，很危险。但宫殿内的照明因为通电的安全隐患，一直很难实现。2016 年 5 月 18 日上午 10 点，伴随着工作人员"三、二、一"的倒数，故宫太和殿亮起了柔黄的灯光。明媚的阳光从窗户射进来，和室内的灯光交相辉映，人们终于看清了太和殿正中间摆放的那把无限尊贵的皇帝龙椅，看清了象征皇权的盘龙金柱，甚至连殿内的装饰细节都清晰可见。如此壮美的场景第一次清晰地呈现在观众面前，引发了啧啧赞叹。

这项点亮工程历经两年的时间，其间经过一次又一次实验、论证，最终确定了把 LED 照明灯安装在可移动的仿古灯柱上的方案。"这些灯具在设计上参考了华表、旗杆基座、宫灯、宫殿建筑立柱等元素，拥有良好的可移动性、可逆性和隐蔽性，在提升室内照明效果的同时，确保其灯光不会对文物造成损害。"故宫宣传教育部主任闫宏斌介绍说，每根灯柱上的灯盏数量都可以根据需要增减，灯光亮度也可根据需要进行调节。首批被点亮的是位于故宫中轴线上的"前三殿"——太和殿、中和殿、保和殿，以及"后三宫"——乾清宫、交泰殿和坤宁宫六大宫殿。整个点亮工程一直持续到 2020 年才真正完成。

被点亮的故宫博物院的原状展厅不仅告别了黑黢黢的历史，同时也获得了更好的保护。为什么这样说呢？过去故宫博物院的原状展厅每三个月系统地保洁除尘一次就可以了，点亮了之后至少需要两个星期保洁除尘一次。因为观众都看得清楚了，如果不及时除尘，观众看到的就是布满灰尘的文物。所以，不是观众看不清楚文物就保护好了，正是观众拥有了知情权，拥有了监督权，文物才会被保护得更好。

宫殿里面经常除尘，都很干净，宫殿外面的情况呢？故宫博物院和别的博物馆不一样的地方就是，观众从一个展览到另一个展览要经过一段室外空间，这些空间的树木、花草、砖瓦大部分都是景观，更是文物。但是，过去紫禁城的地上到处都是矿泉水瓶子、雪糕棍、餐巾纸、废票等垃圾。故宫就制定了一项管理规定，一片垃圾落地，2分钟之内物业员工就要过去把它扫掉。当地面干净以后，观众也改变了，越来越少的人往地上扔垃圾，所以环境是可以改造人的。

只是做到这些，人们就会爱上摆放着一些毫无生趣的文物的博物馆吗？秦始皇帝陵博物院院长侯宁彬认为："要让大家爱上博物馆、走进博物馆可能需要做到六个字——开放，创新，用心。所谓开放就是我们要走出博物馆，把其他领域的一些好的做法引进博物馆。所谓创新就是我们不管在展示手段上还是在展示内容上，一定要改变过去的那种做法。所谓用心就表现在我们的服务上，故宫有一本书叫《故宫服务》，其实对我们全国所有的博物馆都有很好的示范作用。"

在这些方面，故宫博物院是怎么做的呢？可以动的《清明上河图》让我们窥探到一二。"我们通过高清技术手段让图里面的814个人物、29条大船和像这样的近百只牲畜，还有这些树木、河水，都动起来了。制作的时候，画了上万张的画，制作了一年多的时间。"借助数字技术，人们可以身临其境般地感受到《清明上河图》里面的一些场景——
"人们可以穿过清明雨巷，走上汴河那条船，随着椅子的晃动，
船开了，在汴河上能看到沿岸的风光。画里描述的那些情境，
比如虹桥旁的那个桅杆要落下来等，使人们对《清明上河图》
的理解和它表现出的艺术水准能有更多认识。"同时，通过全
息影像和真人表演相结合，市井百态的设计使人们能够真正走
进《清明上河图》中的孙羊店茶馆。人们坐在这个茶馆里，好
像沉浸在北宋的生活场景里。

　　还有一些书画展、艺术展不再是孤立的一个展览，而是
有意义地创造一些生态环境，使观众在品味这些艺术品的同时
了解当时的传统文化，让观众的参观之旅变成一场有意义的文
化活动。比如故宫博物院根据赵孟頫书画的色彩、格局，对赵
孟頫书画展进行了精心布置，观众在这样的展厅里面不但可以
了解赵孟頫创作时所使用的工具，还能够感受到画家所在时代
的创作意境以及画家创作时的心境。像这种有文化情趣的、符
合观众当下审美的、能够满足观众多样化欣赏需求的展览越来
越受到观众的欢迎，每次展览信息出来以后，都有很多人慕名
到故宫博物院参观这些展览。

　　此外，鲜花、鹿也走进了故宫博物院的展览中。春天的
时候，故宫博物院从洛阳引进了 10000 盆牡丹，布置在故宫的
各个庭院里面，然后以"牡丹"为题材，把故宫博物院收藏的

和牡丹相关的书画、织绣、服装、瓷器、漆器、珐琅器、玉器、团扇等文物藏品提取出来，举办大型的"牡丹展"。到了秋天，故宫博物院又从开封引进30000盆菊花举办"菊花展"。室外是活态的牡丹、菊花，室内是大量的牡丹、菊花题材的文物展览，这就把传统文化和人们的现实生活联系在一起，呈现出室内室外、物质的非物质的、可移动的不可移动的文物在"对话"的场景，非常引人入胜。故宫博物院还从承德避暑山庄引进了鹿，因为过去宫廷里面就养着不少鹿，所以引进一些鹿养在故宫的庭院里是符合历史文化的。然后，故宫博物院把收藏的与鹿有关的各种家具、用具、挂屏、书画等文物藏品都拿出来，举办了"瑞鹿展"。室外有鹿在走动，室内是各种和鹿有关的文物藏品，琳琅满目。如果没有通过引进牡丹、菊花、鹿这种方式，没有这样的题材，这些文物可能会长久地"睡"在故宫博物院的库房里面，难以得到展示。

故宫博物院放下过去高高在上的姿态，通过这样一个个动态的、亲民的展览，不仅让文物藏品"活"了起来，也让文物背后的文化遗产"活"了起来。但是，故宫博物院开放再多的区域，举办再多的展览，到故宫博物院参观的观众仍然是全球人口中很少的一部分，故宫博物院要成为亿万级、十亿万级的博物馆，就要靠数字技术、互联网技术。所以故宫博物院加大了网站的建设力度——把外文网站做得更加强大，让世界各国都能通过网站了解故宫文化；把青少年网站做得更加活泼，让孩子们在网上就可以走进博物馆，听到通俗有趣的故事。

2016 年，国家文物局、国家发展改革委、科技部、工信部和财政部联合印发了《"互联网 + 中华文明"三年行动计划》，在此背景下，我国博物馆开始探索如何利用科技手段传播自己拥有的文化遗产资源。

同样是在 2016 年，故宫博物院公布了自己收藏的 186 万多件文物，人们从网上可以查阅到故宫博物院里面任何一件藏品的信息。2019 年，故宫博物院基于这些信息正式上线了"数字文物库"，除了 186 万多件文物的基础信息，还精选了 5 万张文物影像供观众在线参观。同时，全新改版上线的"全景故宫"让壮美的紫禁城尽收眼底，观众可以看清紫禁城开放区域的每一个角落。

故宫博物院还推出了系列 App，同样收获了很多用户的追捧。比如《韩熙载夜宴图》App，把《韩熙载夜宴图》这幅古代绘画进行了立体展示，提供了 220 个知识点，人们点击进去，可以看到当年的情景，听到当年的音乐，看到当年的舞蹈，还可以深度阅读与这幅绘画相关的历史、人物角色、艺术特点等知识。"故宫展览"App 也是一座 24 小时不闭馆的展厅，在这里观众不仅可以看到宫廷原状展览，还可以看到一些常设专馆展览、专题特展等自 2015 年以来在故宫举办的 90 个展览。

在故宫博物院的数字博物馆里，很多文物都像可以动的《清明上河图》一样"活"过来，比如数字绘画中的鸟都是由科学院动物所专家配的真实叫声，观众点击以后，鸟会飞、会叫、会吃食，再点击还可以看它的羽毛、身材。观众在这里可以和一栋栋的古建筑对话，可以观赏故宫博物院收藏的大地毯，了解这些地毯的信息，还可以调阅自己喜欢的书法并进行临摹，临摹以后机器还会给出公正的打分，比如"写得太棒了""惨不忍睹"。这种互动让观众感受到，这些文物不是孤立的、枯燥的、冰冷的，而是动态的、有趣的、亲切的，这些文物以及附着在它们身上的文化价值才真正被激活。

"走进"养心殿，"坐在"皇帝的宝座上，从皇帝的视角会看到什么？在皇帝的宝座上批批奏折、盖个印，召见一下大臣，零距离看看西暖阁里那副颇有深意的帖落，到三希堂抚摸一下乾隆皇帝情有独钟的 13 只"壁瓶"，再到无倦斋坐着冥想一会儿……这样的参观体验在以前恐怕想都不敢想，但在数字技术的支持下，"V 故宫"实现了时空穿越，让观众在数字世界里身临其境地体验了一把"当皇帝"的感觉。2019 年 10 月 19 日，"V 故宫"获 VR/AR 创新金奖。

2020 年，新冠病毒感染爆发，数字化成为博物馆转型的必经之路，很多博物馆加快了开发线上展览的步伐。但是，线上展览不同于线下展览，线下展览可以实地观看展品，线上展示则更注重创新体验。所以，相较于数字化技术来说，通过创意化设计为观众提供更好的服务，在博物馆数字化转型中显得更加重要。

服务之外，故宫博物院还考虑如何让人们心甘情愿地、高兴地把文创产品带回家。事实上，文创产品一直都是博物馆创收的来源之一，也是博物馆让文物走近普通观众的重要介质。但是，博物馆传统的文创产品都是把收藏的文物进行简单复制，人们买回家既没有收藏价值也没有使用价值，价格还很贵。所以，文化创意产品只是加了"创意"二字，和传统的文化产品有什么不一样呢？单霁翔说："我的理解，文化创意产品首先要深入研究人们的社会生活，根据人们生活的需要进行研发，人们才会喜欢；其次一定要深入挖掘自己的文化资源，把自己的文化资源提炼出来，跟人们的生活需要相对接，观众才愿意把我们的文化带回家。"

比如人们参观故宫博物院时，对故宫的藻井[①]印象很深，为了满足人们把藻井文化带回家的需求，故宫博物院就做了藻井伞；人们对故宫的宫门很感兴趣，故宫博物院就做了宫门包；还有故宫的吉兽，为了便于人们把吉兽文化带回家，故宫

---

① 藻井通常位于室内的上方，呈伞盖形，由细密的斗拱承托，象征天宇的崇高，一般都绘有彩画、浮雕。

博物院还做了吉兽造型的衣服夹子。

无论是文化产品还是文创产品，市场上从来都不缺，为什么故宫博物院可以独树一帜，每年文创产品的销售额突破10亿元？我们要从消费者的逻辑来看这个问题，他们购买的不是一款产品，而是这款产品背后的历史以及附着在产品上的创意、文化，买的是尊重、荣耀和快乐。

比如曾获得"2014年中国最具人气的十大文创产品"第一名的朝珠耳机，虽然价格不便宜，但人们会为了"戴着朝珠打手机，有皇帝的感觉"而购买。再比如一年销售4万把的《千里江山图》团扇，首先它取的是《千里江山图》一段非常丰富的画面，文化气息浓厚；其次它用的材料是真丝彩罗，就是绫罗绸缎的"罗"做的，并且用传统的宋锦做边，扇柄是用红木做的，扇架也是用紫光檀木做的，所以品质非常好，而且整体很大气。

经过不断研发，2018年故宫博物院已经研发了11500种文创产品，并且提出一个新的口号——"从数量增长走向质量提升"，更加注意品质。比如小小的笔记本，价格并不贵，但是它呈现的是故宫文化，每一个笔记本都是从故宫的文化资源中提炼出来的，每个笔记本都要不同，满足不同人群多样化的需求。再比如，故宫的口红为什么受欢迎？因为它所有的设计都运用了从故宫博物院收藏的服装、器物上提炼出的元素，因此和人们平常使用的口红是不一样的，带着传统文化的气息，很受年轻人欢迎。有了这些积累，2021 年 5 月 8 日，"故宫瑞兽之十全十美脊兽杯"等文化创意产品入选"中国百佳文化创意产品"。

2016 年，故宫博物院和腾讯建立了"文化 + 科技"国际论坛，每年都向年轻人推出文化创意大奖赛，比如表情包的创意大奖赛，游戏的创意大奖赛，动漫的创意大奖赛。2018 年的主题是"古画会唱歌"，根据故宫博物院收藏的 11 幅古代绘画作品，请专家进行深入解读，然后年轻人根据他们的理解作词谱曲。当 500 多首歌曲创作完成以后，在故宫博物院举办了"古画会唱歌"音乐创新大赛，很多年轻人根据他们对传统文化的理解，对古代书画意境的体会，唱出了自己的歌曲，取得了很好的反响。

2019 年 5 月 8 日，从故宫博物院院长位置上卸任一个月后，单霁翔受聘为故宫学院院长，重回故宫的知识课堂，在这片文化绿洲上向全世界传播中国传统文化。当人们问故宫博物院每年 10 亿元的文创收入都用在了哪里时，单霁翔说："故宫教育不收费，我们大量的营销收入要投入到教育，这是最值得的。因为同学们在博物馆长大，将来一定是对中华传统文化有感情的一代，热爱的一代，对于博物馆也是有认知的一代。"

故宫的一些古建筑修好之后也投向了教育。故宫博物院为孩子们举办了丰富多彩的展览，比如 2017 年 7 月 18 日开幕的"我的家在紫禁城"展览，吸引了很多孩子参观。孩子们不仅可以了解皇家宫院和建筑的特点，触摸每一根柱子的记忆，感受井亭天地的生活痕迹，了解吉祥缸的作用，还可以了解紫禁城作为世界上最大的木构建筑群是如何建成的。同时，孩子们还可以通过多媒体动画的形式参观故宫博物院举办的一些特色展览，比如 2012 年"颐养谢尘喧——乾隆皇帝的秘密花园展"、2015 年"西洋奇器——清宫科技展"、2017 年"八代帝居——故宫养心殿文物展"和"万寿载德——清宫帝后诞辰庆典展"等。这种集合原状陈列、展板、立体模型和多媒体动画等形式的展览，极大地激发了孩子们的兴趣，起到了真正的教育作用。

《"十四五"文物保护和科技创新规划》要求加强文物国际交流合作，打造文物对外宣传品牌，向国际社会展示博大精深的中华文明，讲清楚中华文明的灿烂成就和对人类文明的重大贡献。加强中外文物展览交流合作，组织策划精品出境展览，积极引进优秀外展。故宫博物院是我国博物馆"走出去"的先行者。比如，故宫博物院主办了 2017 年的意大利威尼斯艺术双年展，展示了故宫博物院对于现代文化的理解，引发了很好的反响。再比如，故宫博物院在日本举办的"让文物活起来"文创展，这个展览没有一件文物，全是故宫博物院的文化创意产品以及数字技术的展示，同样得到了很好的反响。之后它开始走向世界各地，比如澳大利亚、曼谷、泰国等。故宫博物院午门燕翅楼也经常举办一些来自国际的展览，有来自印度的中印雕塑艺术展，来自阿富汗国家博物馆的宝藏展，来自法国的 18 世纪珍宝艺术展等。2019 年春节期间，故宫博物院179 年来首次复现清朝宫廷过年时立"天灯""万寿灯"的习俗，吸引 80 个国家的驻华使节、外交官合影留念。

国际博物馆协会和国际文物修复协会都把全球唯一的培训机构设在了中国，设在了故宫博物院。自 2013 年开始，仅国际博物馆协会就在故宫博物院培训了来自 72 个国家的 350多名专业人士。

单霁翔说，"故宫的国际'朋友圈'越来越大"。实际上，故宫博物院在国内的"朋友圈"也不小。当一个地方的博物馆开放的时候，故宫博物院都会积极地帮助它把开馆的第一个展览办好。成都博物馆开馆的时候，故宫博物院送去了"清高宗乾隆皇帝特展"——前所未有的乾隆皇帝相关文物的汇集引起了很大的轰动。同时，故宫博物院还带去了大量的文化创意产品，使成都博物馆一开放就成为一个人们喜欢的文化展示地。南海博物馆建成以后，故宫博物院举办了"紫禁城与海上丝绸之路"展，因为《我在故宫修文物》备受网友喜爱的王津老师也来到南海博物馆展示了修复钟表的过程，并和观众进行了互动。故宫博物院还根据文物藏品的特点举办了一个又一个"回乡展"。比如故宫博物院保管着"明四家"①共计600多件作品。"明四家"都是苏州人，但是苏州保管的"明四家"作品数量不多。故宫博物院就在苏州办了4个大展，从沈周、文徵明、唐寅到仇英一个一个地办展。于是，文房四宝走进安徽，扬州八怪回到扬州，徐瑞回到绍兴，黄公望回到杭州，郑振铎回到温州，齐白石回到湖南，寿山石回到福建，紫砂回到宜兴，曲阳的石雕回到河北……一个个"回乡展"深深吸引了这些支持过故宫博物院的地方城市的父老乡亲们，同时也加深了他们对传统文化和自己地域文化的理解。

　　文物带着历史的记忆，更带着历史的沉重。当它们躺在博物馆的库房里时，它们是"死"的，它们的价值也被埋葬在库房里。如果只是用传统的方式把它们摆出来给人们看，人们也只能嗅到一点久远的气息，很难真正理解、体会文物身上的文化价值。故宫博物院的成功之处在于满足市场需求的经营意识和超强的执行力。他们为文物植入"创意"，再借助科技手段，让文物以展览、文创产品、VR影像的形式"活"起来，活在当下，活在人们的社会生活中，活在人们的心里。如此复

---

① 又称吴门四家，是指四位著名的明代画家：沈周、文徵明、唐寅和仇英。

杂又高效的执行流程并不是一家单位就可以完成的，需要带着开放的意识和态度，让更多主体参与到文化产业经营中。这是博物馆产业思维的核心，也是拥有巨量高端资源的文化机构做好文化产业的宝贵经验。

2019 年 4 月 8 日，单霁翔带着故宫博物院第七任院长王旭东在故宫走了一夜。第二天下雨，两人仍举着伞走遍了故宫正在施工的大小工地。单霁翔用"走"的形式上任，也用"走"的形式把交接棒传到了王旭东手上。2022 年 2 月 18 日，王旭东在《鲁健访谈》中说："未来的故宫，有保护为主的思想，有以学术立命、不断把研究成果转化为文化产品的尝试，有通过数字化实现文物永续传承的目标，更有不断讲好中国故事，让文物蕴含的多元价值活起来的最高追求。"我们期待故宫下一个 600 年的精彩。

走进"上海文化"

由于特殊的地理位置和历史文脉，上海一直被称为"文化大码头"，写的、画的、说的、演的、唱的、玩的……不管出自哪里，名气如何，规模多大，只要到上海走一走、演一演，都会沾染"上海文化"的气质，重新生根开花。

相较于历史上更多停留在娱乐层面的"文化大码头"，新时代的上海"文化大码头"对标的是纽约、伦敦、巴黎等国际一线大都市，承载着更深刻的中华文化传承和中华文化传播的责任。纽约于 2017 年明确提出了推进纽约文化发展的八大战略，伦敦于 2019 年开始评选具有地域文化特色和多元文化融合等特点的"文化区"，同时期的巴黎则在塞纳河上紧锣密鼓地打造"世界首个艺术乌托邦"。2017 年，上海出台《关于加快上海文化创意产业创新发展的若干意见》（简称"上海文创50 条"），明确提出，到 2035 年上海将全面建成具有国际影响力的文化创意产业中心，同时对文创领域的八大具体产业也提出了发展目标，包括建设全球影视创制中心、打造亚洲演艺之都、建设全球动漫游戏原创中心、巩固国内网络文化龙头地位、深化国际创意设计高地建设、构建出版产业新格局、构建国际重要艺术品交易中心、加快实施文化装备产业链布局。

在"上海文创 50 条"的助推下，上海文化产业迎来了飞跃式发展。2020 年，上海文化创意产业实现总产出 2.04 万亿元，其中互联网和相关服务业增长 18%，软件和信息技术服务业增长 12.5%，游戏业增长 50%，网络文学销售收入增长37.5%。上海市艺术品进出口额达 52.47 亿元，占全国艺术品进出口总额（92.88 亿元）比重高达 56%。在全球遭受新冠病毒感染冲击的背景下，上海文化产业逆势上扬，成为上海经济发展的支柱产业。

无论是以更加开放包容的姿态迎接世界优秀文化的停靠并且生根开花，还是借助集聚效应吸引更加优秀的文化人才、龙头企业、文化创意入驻上海；无论是文化供给端的变革与提升，还是文化消费端的关注和培养，背后都是打响"上海文化"品牌、建设国际文化大都市的强大执行力。

上海文化的"时空之旅"

大幕开启，撑着油纸伞的姑娘从一片奇幻丛林中徐徐走来。一声呼啸，一辆复兴号高铁缓缓停下，初来乍到的男孩走出车厢，与姑娘邂逅，一眼千年。在人间烟火的上海街头，在时空交错的奇妙幻境，男孩穿梭游历。江南丝竹、评弹唱腔余韵绕梁，爬杆上的探戈摇曳生姿，白鸽与女演员在空中共舞，足尖窄杠上翻转腾挪，单车和轮滑极限飞跃……穿越一场"时空之旅"，男孩最终找到了心爱的姑娘，找到了喜爱的风景，也找到了内心真实的自己。

这是一个爱情故事的时空之旅，也是一座城市的时空之旅。

2005 年，《时空之旅》在上海首演，当年的上海文化产业增加值为 509.23 亿元。2021 年，全新打造的《时空之旅 2》在上海首演，在此之前的 2020 年，上海文化产业增加值达 2389.64 亿元。近 5 倍的增长背后，是上海文化产业的迅猛发展，是"上海文化"品牌影响力的大幅度提升，更是"文化大码头"的强势崛起。

"吴淞风景似西洋，来往通流尽泊商""春申江上水滔滔，西接吴淞泊万艘"，南来北往的船只载着不同的货物在上海贸易、发展，也载着不同地方的人和文化在上海碰撞、生长。爱狄·密勒在《冒险家的乐园》一书中说："上海真是一个万花筒，只要是人，这里无不应有尽有，而且还要进一步，这里有的不仅是形形色色的人，同时还有着形形色色的人所构成的各式各样的区域、商店、总会、客栈、咖啡馆和他们特殊的风俗习惯、日用百货。"海纳百川的开放和包容是上海文化亮丽的底色，也是上海从一百多年前的小渔村走向国际化大都市的核心气质。

《时空之旅》就是带着这样的文化底色诞生的。虽然杂技是中国的、是上海的，但是创意总监、编导、作曲均由加拿大太阳马戏团创作人员担任，有人因此称它是"超越时空的东方太阳马戏团"。来自中国的海派杂技艺术和杂技演员，借助加拿大太阳马戏团创作人员的创意、编导、作曲等，进行故事化、情景化、趣味化演绎，通过多媒体艺术包装，把故事、道具和舞台背景都关联在一起，成为一台全新的大型梦幻剧，"秀一个上海，给自己看"。

45岁的杂技演员孔祥红早就该退役了，却因《时空之旅》获得了又一次在舞台上绽放的机会，不仅能够收获更多的掌声和认可，经济收入也比以前翻了两番。在一次采访中，他表示："每次在表演的时候，一定要把自己的心情，就是那种兴奋度调节到最好，上场以一种饱满的情绪展现给观众。"朴实的语言背后透露出的是从关注技巧到关注情绪的变化，带给观众的则是惊叹和共鸣。正如他的领导所说："他还是能上舞台，这是为什么呢？其实我感觉这是一个包装理念的问题。"他们通过记录演出现场的掌声来了解市场，了解一个演员的表演力、市场的反响，然后不断地优化节目，以求达到最好的表演效果。像孔祥红这样的演员实际上有不少，他们都有很精湛的技巧，但是没有很好的产品，他们的技巧不能得到掌声。有了很好的产品设计，产品赢了，他们每个人就都赢了。

从《时空之旅》的产品设计，我们看到了上海"码头"把文化落实到产品的过程，不管是理念、创意、机制，最后都要产品化才能走远，才能使大众享受，才能使文化创作的价值得以实现。

为什么我们有五千年的文化，有这么丰富的文化资源，但是文化产品在全球的畅销程度远远不如伦敦西区、纽约百老汇这些演艺团队？文化集聚能力的强弱是很重要的一个影响因素。伦敦西区也好，纽约百老汇也好，集聚的都是全球文化资源，全球的人才。"上海文化"的市场力量同样源于"码头"强大的文化集聚能力。

2009 年 9 月，上海市委、市政府颁布的《关于加快本市文化产业发展的若干意见》明确提出，今后五年，着力打造进出口、投融资、产权交易等三大国家重点文化产业功能性服务平台，培训并完善若干在全国乃至国际范围内有吸引力的文化要素市场，加快资本、技术、信息、人才等产业关键要素向本市集聚。"上海文创 50 条"提出，建成一批业态集聚、功能提升的文化创意园区，集聚一批创新引领、创意丰富的文化创意人才，构建要素集聚、竞争有序的现代文化市场体系，夯实国际文化大都市的产业基础，使文化创意产业成为本市构建新型产业体系的新的增长点、提升城市竞争力的重要增长极。未来五年，基本建成现代文化创意产业重镇；到 2030 年，基本建成具有国际影响力的文化创意产业中心；到 2035 年，全面建成具有国际影响力的文化创意产业中心。

从集聚中国到集聚世界，上海始终以"码头"海纳百川的姿态，汇聚各方文化资源。文化创意也好，文化资源也好，文化作品也好，到了上海之后，不管它的出生地是哪里，只要在上海能够进一步做大，只要有进一步价值提升、价值再发掘、价值再创造的意义，就要把它拿来，在上海进行再加工、再提炼、再开发，让它的价值再实现。

以打造"亚洲演艺之都"的一系列举措为例。上海积极发挥集成优势，精心打造"上海原创""上海制作""上海出品"的演艺品牌矩阵；大力建设"演艺大世界"演艺集聚区，明确了城市的演艺空间布局；同时支持和鼓励社会资本新建、改建剧场和演艺新空间。2019 年，上海大剧院、上汽·上海文化广场等上海 49 家剧院的 67 个剧场共计完成演出活动8820 场，观众达 631.64 万人次，剧场售出票房 10.98 亿元。与此同时，中国上海国际艺术节已经成为具有世界影响力的大型艺术节，成为上海汇聚全球演艺及文化产业优质资源的一个重要平台。2019 年第 21 届中国上海国际艺术节期间，共有来自 65 个国家和国内 27 个省、市、自治区及港澳台地区的 1.5万余名艺术工作者汇聚申城，举办各类活动 350 多项，线上线下共惠及 560 多万人次观众。重大文化节展赛事的影响力不断扩大，带动上海"文化大码头"吸纳、集聚全球优质文化资源的能力不断加强，文化产业集聚效应更加凸显。

码头的实力从来都不会停留在"进货"层面，文化集聚的下一步是文化加工、文化设计。这是一条从文化创意、文化作品、文化剧目到文化产品的演变之路，是"中国元素、中外合作，中国故事、国际表述"东西方文化碰撞、融合的过程。

时任上海市宣传部部长的王仲伟说，"码头"就是要做文化集成商，要善于打造健康的混血儿，也就是中外合作的产品。舞台功夫剧《少林武魂·慧光的故事》的演变之路正是上海"码头"实力的体现。该剧出生于河南，却在上海加工、包装、完善，并成功出海。2006 年，河南省旅游局嵩山少林寺武术馆与上海东上海影视集团在原创功夫剧《少林传奇》的基础上，参照美国百老汇的创作模式，调整剧本结构，增加武术技巧，融入舞蹈、话剧、戏曲、电影等多种优势元素，配以舞美灯光设计、服装设计、音乐创作等现代元素，创作了《少林武魂》。新创的《少林武魂》讲述了战乱中的一对母子失散后，孤儿慧光被少林武僧救起，在众僧人的关心与教诲下习武成长的过程及母子间悲欢离合的动人故事。从《少林传奇》到《少林武魂》，从河南到上海，原来展示性的功夫表演变成了有主题、有人物、有故事、有布景的大型舞台功夫剧。在到纽约百老汇演出之前，该剧再次进行了修改，在突出少林功夫和中国文化精神之外，增加了国际表达方式，《少林武魂》也由此变身为《少林武魂·慧光的故事》。2009 年 1 月 15 日，《少林武魂·慧光的故事》在纽约百老汇侯爵剧场正式公演，连续 7 场全场爆满，首演当日被纽约市政府、州政府共同命名为"百老汇中国日"。2009—2013 年间，该剧在美国、澳大利亚、意大利、挪威、印度、韩国、土耳其等国家和中国港澳台地区累计演出 500 余场，观众达 50 多万人次，创造了文化产品"走出去工程"的新纪录。

上海有比较好的商业基础，有比较好的市场专业分工，有比较好的团队合作的规则和默契。在此基础上，上海将集聚的文化创意、文化作品，用现代意识、国际理念、市场运作进行制作、包装，使其成为烙刻着"上海文化"的产品，跃上海内外舞台，逐渐打出品牌，并取得丰厚的市场回报。

做强"文化大码头"

一条多伦路，百年上海滩。从街头的书店走进多伦路，夹街而行，复古洋楼鳞次栉比，名人故居穿插其中，海派建筑的百年积淀浓缩在一砖一瓦、一廊一檐之间。鲁迅、茅盾、郭沫若、叶圣陶、丁玲、柔石……一个个铭牌闪过眼帘，激荡文坛的呐喊声穿越时空而来，与我们邂逅在 21 世纪的上海。踏着文化名人的足迹，在各具特色的小型私人收藏博物馆中体味文化与烟火相融的气息，到转角咖啡馆品一杯热气腾腾的咖啡，穿过多伦现代美术馆的当代青年美术大展，看见未来。

这仅是上海文化消费的一个缩影。2021 年的上海拥有 158 座博物馆、96 座美术馆，平均每 10 万人就拥有一座文博美术场馆；有 389 家影院、2483 块银幕、33.75 万个座位，银幕数、座位数和电影票房成绩均位列全国城市第一；每万人拥有 3.16 家咖啡馆，总数近 8000 家咖啡馆的体量名列全球城市首位。星罗密布的"网红书店"、随时遇见的文化地标、人潮涌动的艺术展览、不断生长的"国潮"品牌……交织出最澎湃的上海文化消费乐章，也在全球文化消费市场奏响"上海时间"。

"需求侧"文化消费市场的繁荣必然推动"供给侧"文化内容开发的创新升级，粗放式、低效率、注重创作者自我表达的文化内容开发模式逐渐向高质量、专业化、注重市场需求以及版权的文化内容开发模式转换。

2009 年春节档，一部被称为"Flash 作品"的动画电影《喜羊羊与灰太狼之牛气冲天》以"黑马"的势头杀出重围，上映 3 天全国票房已经突破 3000 万元大关，超过了上一年《功夫熊猫》上映 3 天总票房的 3 倍。在此之前，《喜羊羊与灰太狼》电视动画已播出了几百集，但是收入并不理想。据"喜羊羊之父"卢永强在采访中介绍，他们在创作这部动画片的时候前后共投资 2000 多万元，这期间整个团队一直处于零收入的状态。尽管动画片播出之后很快就位居各地电视台动画片收视率之首，同时他们也推出了衍生品，却因为运营模式的问题，依然处在入不敷出的状态。为什么一部已经播出几百集却依然让创作团队深陷经济困境的电视动画片，在上海重新包装、开发之后就变成了一部投入 600 万元却能收入 9000 万元的动画电影呢？答案就在上海对文化内容开发的商业逻辑。

据这个项目的负责人说，当时的中国动画业已经十年没有出动画电影，有三个原因非常值得关注，第一个原因是大家只关注制作，不关注市场；第二个原因是整个动画电影业的生产观念是以产定销，而不是以销定产；第三个原因是在产品设计上没有看到极具市场品相的东西。从根本上来说，这三个原因都可以归结到一个点，即"缺乏市场号召力"。经过市场调研，他们认为《喜羊羊与灰太狼》的形象不错，产品的品相在市场上是有号召力的，在白领阶层也有一定的观众群，所以从市场看，《喜羊羊与灰太狼》是一个可以发展的文化作品。同时，上海项目团队在《喜羊羊与灰太狼之牛气冲天》的制作过程中，主要承担该项目的管理人、制片人的角色，从资金、品控、发行、营销以及后端的版权和品牌形象的开发，进行全产业链运营。以发行环节为例，他们在找发行公司商量在春节档上映的时候，得到的答复是"你们其实什么时候上映都一样，都是一个'死'，对你们来说任何档期都是合适的"，言下之意是不要在贺岁档和其他电影火拼。面对质疑，虽然感到很落寞、很受打击，但他们还是坚持在贺岁档上映，因为往年的贺岁档可以说从来没有任何适合家庭观看的电影，而这部《喜羊羊与灰太狼之牛气冲天》和别的电影的观众群是不一样的，它有自己独特的观众群，面对的是家庭观众，也就是说它是"1+X"的模式，一个小孩想看，可能就有几个大人带着他一起去看。王仲伟部长认为，这一条或许是这部动画电影成功的核心。以前的贺岁档虽然大片云集，但都没有关注到孩子。在中国家庭里，"一把手"是孩子。关注到孩子的需求，就能带动一个家庭的消费。此外，贺岁片最需要的是团圆、欢乐、开心的气氛，有些大片又是哭、又是杀，气氛不适合贺岁的时候看；还有些电影讲的故事太深奥，不容易理解，不适合一家人一起看。《喜羊羊与灰太狼之牛气冲天》正好打破了这种格局，打出"孩子一定要和家长一块来看"的宣传语，完全契合了贺岁市场的需求。自此之后，动画电影成为贺岁档必不可少的一盘菜。

对《喜羊羊与灰太狼之牛气冲天》的成功运营只是上海文化内容开发创新升级的冰山一角，更深刻的升级源自数字经济的发展与推动。2009年，《对话》有一期节目为《绽放在东方》，在节目中展示了上海电子艺术创意产业基地的风采，科技和艺术在这里完美结合。这里的办公桌可以让我们感觉自己就是特工007，展台上的轿车可以随意变换炫酷的车身颜色，展示柜里可以随意选择喜爱的艺术作品，而电视、电脑、游戏机以及视频电话被集成在一个电视背景墙上，背景更是可以随意变换。面对这些炫酷的电子艺术，普通民众看到的可能是艺术走进生活的幸福感，王仲伟部长看到的却完全不一样。他认为，电子艺术要在上海发展，关键是要产品化，电子艺术要变成大众生活当中的产品，第一要变成公共艺术，变成上海街头的装置；第二要变成舞台艺术；第三要变成会展艺术；第四要变成上海民众生活当中的艺术，包括家庭装潢布置、服装饰品等。穿过时光隧道，我们来到 2022 年的上海街头，墙体上展示的是 3D 效果的世界名画，色彩绚丽的数字"花海"如梦似幻，亚洲最大的互动数字雕塑赫然在目……数字画廊、数字艺术展、数字文创等数字化文化产品已经成为上海文化消费的主流。

文化内容开发没有固定的公式，但创新创意却是一把几乎适用于任何文化形态的万能钥匙。上海早已将文化创意高度融合并渗透到城市发展之中，不仅在文化内容创作生产、文化服务、文化传播、文化投资运营等文化产业领域不断强化创新创意执行力，还在公共空间、市民素质等方面营造充满创意的氛围，让人民群众成为文化的创新者、创业者、创作者，让文化创意的基因在城市的血脉中流淌。

从集聚优质文化资源到开发具有"上海文化"特色的优质文化产品和服务，从引进国内外的文化品牌到推动本土文化品牌的强势崛起，"文化大码头"也在逐渐做强做大，带动文化交易井喷式发展。2021 年，通过上海国际艺术品保税服务中心进出境的文物艺术品超过 2000 件，货值达 170 亿元，相比历史最高峰 2019 年的 60 亿元，增长幅度超过 18%。上海已成为全国文物艺术品进出境的首选口岸。

穿越时空，好戏才刚刚开始。

唤醒千年"长安梦"

2002 年，西安首次提出"经营城市"的理念。这一年，曾在西安市高新技术产业开发区政绩斐然的段先念入主曲江新区，任西安市曲江新区管委会主任。西安"经营城市"的篇章由此揭开。

西安对"经营城市"的定义是用市场经济手段，将城市中可以用来经营的存量资产和生产要素推向市场，进行重新组合和优化配置，从中获得收益，再将这笔收入投入到城市建设的新领域，从而实现城市建设的良性循环和可持续发展。在2002 年的政府工作报告中，"存量资产和生产要素"指向的是"土地""市政公用设施"等。直到 2005 年，"历史文化名城是我市最宝贵的资源和优势，保护和恢复古城风貌是我们的历史责任"才被写进政府工作报告，"历史和文化"作为一种资源开始在西安"经营城市"之路上唱主角。

丰富、悠久的历史文化资源是西安最为鲜明的城市名片。根据第三次全国文物普查的资料显示，西安目前登记在册的不可移动文物点有 3246 处，其中文物保护单位 392 处，世界遗产 2 处 6 个点，另外还有 3 座国家级考古遗址公园。厚重的历史积淀让西安这座千年古城成了无与伦比的文化宝库，如何激活沉淀的历史和文化资源成为西安"经营城市"的重点课题。

1993 年，陕西省人民政府批准设立曲江为省级旅游度假区。2003 年 7 月，经西安市政府批准，"曲江"更名为"曲江新区"，正式开启了"文化 + 旅游 + 城市"的"曲江模式"的经营步伐，先后投资 230 亿元用于激活历史和文化资源，成功建设了大雁塔北广场、大唐芙蓉园、曲江池遗址公园、大明宫国家遗址公园、大唐不夜城等一系列享誉国内外的文化新地标，极大地促进了陕西文化旅游产业和城市发展，成为中国第一个国家级文化产业示范区，全国首个区域性、多景点整体晋级的国家 5A 级旅游景区，并荣获中国人居环境范例奖。据统计，"十三五"期间，曲江文化产业集团累计实现营业收入 522 亿元，资产规模从 484 亿元增长到近千亿元，累计向国家上缴利税 67.8 亿元，向社会提供就业岗位 2 万余个。20 年的经营与发展，西安市地区生产总值也由 2001 年的 734 亿元增长到 10688.28 亿元，实现了近 15 倍的增长。预计到"十四五"末，西安文旅产业增加值占地区生产总值比重将达到 18%，成为西安具有核心竞争力的支柱产业。功绩背后，激活历史和文化资源与商业化的矛盾冲突也从未停止。不可否认的是，对于西安来说，曲江新区早已成为这座城市的一张名片，一面旗帜。就这一点来说，"曲江模式"作为一条激活城市沉淀的历史和文化资源的实践之路有着非常重要的研究和参考价值。

起于大雁塔，不止于大雁塔

在中国，曾经有一个房地产开发商买地从来不看土地市场、规划条件等因素，而是选择这座城市过去的蜂窝煤厂周围的土地。在 20 世纪七八十年代，蜂窝煤是城市底层居民生活的主要热力和动力来源，是家家户户的必备生活用品，因此很多人为了方便会选择在蜂窝煤厂附近居住、生活。随着我国能源建设的飞速发展，蜂窝煤逐渐淡出人们的视野，蜂窝煤厂也开始走向衰落。然而，蜂窝煤和蜂窝煤厂给人们留下的温暖记忆并没有消失。那些隐没在城市发展步伐中的蜂窝煤厂虽然已经破旧不堪，却承载着大家的温暖记忆。房地产开发商买了蜂窝煤厂附近的土地之后，依托人们对蜂窝煤的温暖记忆和情怀，唤醒大家心中固有的印象和眷恋，实现楼盘热销。

其实历史给我们现在的市场运作留下了很好的资源，就看经营者能不能找到那个线头。西安"经营城市"的关键就是找到"蜂窝煤厂"，而曲江大雁塔就是那个"蜂窝煤厂"。

一池一水一盛唐。自汉武帝下令疏凿曲江池，到隋文帝改名为"芙蓉池"，再到唐玄宗恢复"曲江池"的名称，一池曲江水见证了朝代更迭、兴衰更替，也沉淀了千古风流的文化意蕴。然而，进入现代以后，由于受到文化遗址保护的限制，作为西安历史上曾名冠京华的游赏胜地，曲江却成为西安最落后、最差劲的一个角落。现实和历史的巨大反差难免令人唏嘘。

段先念调任曲江新区管委会主任的第一天，就陷入了前所未有的困惑，管委会的账上几乎没有钱。还有几天就是春节了，大家都期待单位能够多发一点钱，多发一点东西。找钱，成为段先念上任后的第一个重任。他请来合作过的一些房地产开发商，介绍曲江是古代皇家的后花园，有很大的开发潜力。然而，几十位房地产开发商来到曲江一看，都摇头，说这个地方 20 万元一亩可以考虑，否则就认为这个地方不值。段先念解释说："曲江实际上是个大美女，只不过是山里边的姑娘，没有进行包装，没给她买时尚的服装，没有表现出她的文化。如果我们给她做一身好衣服，给她化个妆，给她舞台展示她的文化，她就有可能成为一个明星、模特。"语言很生动，现实很残酷。不管段先念说得多美好，房地产开发商面对荒草丛生的曲江池遗址，无论如何也想象不出"三春车马客，一代繁华地"的盛况，"不值"的评价仍然无法更改。

经过一番调查论证，段先念准备先扯"大雁塔"这个线头。大雁塔位于曲江新区的北入口处，不仅是曲江门户，也是盛唐时期"雁塔题名"所在，特别厚重，特别有历史。段先念说，我们应该从这儿开始做起。

早在 2001 年年初，大雁塔就被评为首批全国 4A 级旅游景区。然而，千年的时间过去，大雁塔塔身之上长满野草，周边已被农田村庄包围，大雁塔宝相庄严的气度严重受损。除了多了一些卖旅游纪念品的小商贩之外，大雁塔的历史文化资源并没有得到开发，到这里旅游的人基本都是"白天看庙（大雁塔），晚上睡觉"。大雁塔周边区域环境嘈杂、交通混乱，整体呈现出陈旧脏乱的感觉，与大雁塔作为西安旅游热点的地位很不相称。

城市要发展，经济要建设，遗址要保护，游客要体验……这一系列的矛盾如何解决？面对大雁塔这座拥有 1300 多年历史的文化瑰宝，如何在保护和利用之间找到黄金平衡？对大雁塔周边区域进行拆迁改造是必须迈出的第一步，也是最困难的一步。这一步，段先念花掉了 2.5 亿元，占到整个项目建设投资的 50%。其中，建筑面积有 23000 多平方米的新时代广场的拆迁补偿就有 1.29 亿元。如此大的一笔钱从哪里来？这就需要市场化的经营运作。在项目建设过程中，段先念坚持所有的建设投资都靠项目自身运作和城市经营实现资金平衡，不依靠市财政投资。

以大雁塔北广场为例，征地拆迁费用为 2.5 亿元，建设费用为 2.5 亿元，总投资 5 亿元。广场两侧的仿唐建筑是配套商业，平均每平方米 2 万元，最贵的卖到每平方米 2.4 万元。此外，他们在大雁塔北广场开放前两天开会决定，从大雁塔北广场开放的第二天开始，曲江所有的土地价格在原有基础上每亩加 50 万元。如此，大雁塔北广场的开发建设基本可以实现收支平衡，并且略有盈余。通过成功的开发运作，在大雁塔北广场、大唐芙蓉园陆续开园之后，曲江的土地价格从之前的每亩 30 万元升至每亩 150 万元，曲江城市资产大幅增值。

在段先念看来，艰辛不要紧，钱也不是问题，关键问题是在做文化项目的时候有很多无奈。这些文化应该怎么表现才能淋漓尽致地反映当时的历史和文化内涵？文化人有文化人的说法，建筑师有建筑师的说法，历史学家有历史学家的解释。当专家组在一起开会的时候，大家经常为一个问题到底应该怎么展现产生矛盾，这个时候作为决策者就很难平衡。

位于北广场中轴线上的全亚洲最大的中心水景和音乐喷泉已经成为西安旅游必看的"网红打卡点"。和音乐喷泉共舞的几十棵千年银杏树，每到秋日就会洒下一片金黄，成为游客不愿错过的一景。然而，它们在成为景致之前，只是规划时预算上一笔的成本。9 个台阶的音乐喷泉需要投入几千万元，一棵千年银杏树就是 1.5 万元，同样大的国槐还不到 3000元。为什么会决定做一个亚洲最大的音乐喷泉，又为什么要选择如此昂贵的银杏树？因为要对得起大雁塔的历史地位和文化底蕴。在大雁塔北广场，这样的理念渗透在每一个微小的设计中。"大唐宝典"书卷铜雕以唐代线装书的造型展现大唐盛世文化的博大雄浑，万佛灯塔密檐式的设计使其与大雁塔的审美形式统一，大唐文化柱方形基座和六重圆形柱顶显示出中国天圆地方的传统思想，"大唐诗书画印"雕塑用现代抽象派的手法呈现大唐的文化意蕴……如梦如幻的景色激活了人们心中对大唐繁华盛世的记忆和感觉，置身其中，梦回大唐，一种文化自信感油然而生。

历史上消失了的东西，只存在于书本文字间，只存在于民间传说中，没有可以让现代人感知、感受的实体。大雁塔北广场通过雕塑、灯塔、文化柱、灯柱、石牌坊、银杏树等实体把大唐盛世描绘得活灵活现。大雁塔北广场开放当日接待游客达13万人次，开放当月接待游客230万人次，超过了大雁塔景区2003年全年的游客人数。一个广场的改造重新撰写了西安旅游的大文章。加拿大世界级规划建筑大师汉库克到曲江访问时评价道："大雁塔北广场之于大雁塔和西安，如同金字塔广场之于卢浮宫和巴黎，是世界级的建筑典范。"段先念则认为，大雁塔北广场最大的成就在于它使大雁塔景区跻身世界级景区之列，为西安和曲江赢得了巨大声誉。

"文化＋旅游＋城市"的"曲江模式"由此渐成雏形。以大雁塔为核心，一幅全新的西安规划图缓缓展开。

2004年，段先念带领的曲江新区管委会又拿出13亿元启动了另外一个大项目——大唐芙蓉园。一个文化旅游项目花费十几亿元，这在西安历史上是没有过的，所以段先念心中也比较紧张，但还算心中有数。在他心中早有一个关于"长安芙蓉园"的规划，把发生在长安的秦汉隋唐的故事以历史长河的形式展示出来。经过专家以及决策团队的讨论，大家认为"长安芙蓉园"总面积只有1000亩，其中还有300亩是水面，不可能把秦汉隋唐的历史文化都呈现出来，应该把"唐"做足。最终，"长安芙蓉园"更名为"大唐芙蓉园"，中国第一个全方位展示盛唐风貌的大型皇家园林式文化主题公园项目正式启动。

历史上的"芙蓉园"始建于秦朝，当时叫作"宜春院"，是秦朝著名的皇家禁苑。隋朝开皇年间，隋文帝觉得叫"宜春院"不吉利，所以改称"芙蓉园"。之后隋炀帝在曲江池中雕刻了各种水饰，还引入曲水流觞，赋予高贵的皇家园林一种文人风雅。到了唐朝，唐玄宗又修建了紫云楼、彩霞亭、临水亭、蓬莱山、凉堂等园林建筑，芙蓉园盛况空前，成为大唐盛世文化繁荣的一个缩影。

"大唐芙蓉园"项目所在地位于大雁塔东南侧，在原"芙蓉园"遗址以北，所以这个工程的性质不是在原来的遗址上进行复原、重建，不需要考证，也不会破坏遗址，更不存在建造的亭台楼阁是不是原来的样子这些问题，它就是仿照唐代皇家园林式样重新建造的一个现代主题公园。尽管如此，在规划设计中，建筑师也不能自己拍脑袋或者根据自己的喜好随便设计。对于这样一个主题公园，不仅要有文化方面的策划，还要有经营方面的策划；不仅要实现传承历史文脉的功能，还要实现创造商业经济的功能。文化和经营、历史和商业，这样的矛盾体如何融合在一个项目中？这就要考验规划师、建筑师的本事了。

中国工程院院士、大唐芙蓉园总建筑师张锦秋对自己的定位是"总编导"，既是编剧也是导演，要把传统的历史文化和现代的经营需求编在一起，导出好戏。这一点在"御宴宫"体现得淋漓尽致。这么大一个主题公园，餐饮问题怎么解决？像其他景区那样安排零星的快餐售卖点似乎有损文化氛围。建筑师就在园区西门北侧规划了一个饮食文化区，典型的园林庭院式仿唐建筑群临水而建，既是展示唐代饮食文化的中心，也是游客在唐风古韵中品尝美食美酒的绝佳去处。在大唐芙蓉园，每一处建筑、每一步景致、每一场剧目都浸润着盛唐文化的基因。从紫云楼到桃花坞，从水幕电影《大唐追梦》到歌舞剧《梦回大唐》，从"陆羽茶社"到"唐诗峡诗魂"，无不彰显着盛唐风采，让人梦回千年。

西安，用仿唐园林和璀璨灯火使大唐盛世重现世间，历史仿佛就在眼前。傍晚时分，来到彩霞亭感受"夕阳西下，断肠人在天涯"的落寞。信步向前，在彩霞亭的末端便是仕女馆景区的望春阁，和帝王建筑紫云楼遥遥相望，更衬托出女性的柔美灵巧。走进望春阁，仿佛穿越到大唐女性的世界，在第一层穿上雍容典雅的服饰，在第二层和武则天、太平公主、上官婉儿对话，体验巾帼不让须眉的女性政治，盛唐女子的风采扑面而来。从望春阁一路来到位于大唐芙蓉园中轴线上的骑亭，远处璀璨灯光点缀下的建筑光彩夺目，倒映在波光粼粼的湖面上，和一朵朵莲花灯交相辉映，似真似梦，人们好似回到了千年前那个热闹的长安城，看歌舞升平，赏繁华盛世。

大雁塔的盛唐之旅继续延伸。2006 年，大唐不夜城启动建设，并于 2010 年 9 月 26 日晚上盛大开放，一夜成名，迅速成为西安旅游第一目的地。

一部《再回长安》诉尽西安从唐至今的城市文脉。大诗人白居易穿越千年的岁月回到长安，迎接他的是曲江的春色和家乡的美酒。"街东酒薄醉易醒，满眼春愁销不得"，熟悉的美酒浸润着千年乡愁，在心头刻下盛世的诗篇。时光摇曳，三斤八两的大老碗盛着泡馍，传承关中人家的味道，也盛起漂泊游子的牵挂。风云变幻，长安狮吼，太平四方。历经千年岁月，无论是长安还是西安，东西南北都有石狮守护着家园，守护着太平盛世。历史变迁，盛唐的文化记忆早已埋入中华民族的基因，当气势恢宏的大唐仪仗、至尊无上的大唐礼仪再现眼前，瞬间点燃了基因中的记忆，让人热血澎湃。真正让人沉浸其中的是，身穿唐装端着托盘的"仕女"从身边走过，盘中的温酒炉上酒香四溢；灶台上的大锅热气腾腾，锅里的羊肉汤香气扑鼻；灵动的舞狮在眼前腾挪跳跃，金色的毛发飘过肩头……近距离互动式体验，让人饱览从长安到西安演变历程中的文化底蕴，尽享传统与时尚交融的城市魅力。

大唐芙蓉园整个规划范围分为 5 个功能区，分别是商业步行街、贞观广场、文化交流广场、庆典广场和唐城墙遗址公园。北起大雁塔南广场，南至唐城墙遗址，中间囊括西安美术馆、西安音乐厅、陕西大剧院等现代文化艺术消费景点。

经过不断升级，游客在大唐芙蓉园感受到的不仅是皇家园林的奢华威仪，也不仅是唐时皇家宫乐的典雅恢宏，更有"与李白饮酒对诗""与不倒翁小姐姐牵手穿越"的互动体验。2019 年，大唐不夜城接待市民游客达到 1.01 亿人次，同比增长 302.3%，营业收入达到 112.4 亿元，同比增长 74%。它为西安带来的不仅是文化自信的提升，更是经济的活跃与腾飞。

西安"经营城市"之路起于大雁塔，不止于大雁塔。

历史和经营的对话

"绛帻鸡人报晓筹，尚衣方进翠云裘。九天阊阖开宫殿，万国衣冠拜冕旒。日色才临仙掌动，香烟欲傍衮龙浮。朝罢须裁五色诏，佩声归到凤池头。"王维的这首《和贾舍人早朝大明宫之作》从"早朝"的一个场景描绘了大唐鼎盛的气象以及大明宫"千宫之宫"的气势。岁月轮转，历经 17 位皇帝的大明宫最终毁于唐朝末年的战火，在历史的烟云中"宫阙万间都做了土"。

历史的车轮碾过一千多年的岁月，这座曾经煊赫无比的帝国宫殿只剩下台基夯土的遗迹，地面是居住着 10 万人的棚户区和城中村。在狭窄的小巷、低矮的建筑间穿梭的人们虽然被要求保护遗址，但很难真正了解脚下的土地埋藏着怎样传奇的历史，更难以与千年之前大唐王朝的宫殿产生共鸣。限制性保护措施不仅让居民的生活品质无法得到保障，遗址保护也陷入困顿。

2006 年 9 月，在大明宫含元殿遗址上，一个巨大的舞台正在搭建。这里将举办 2008 年北京奥运会开幕式总预演《2006·盛典西安》大型文化活动。为保护遗址，在 10 万平方米的巨大舞台上，施工人员没动一锹土，没钉一根钉，没打一个桩，舞台背景都用泡沫材料搭成，1：1 尺寸复原的含元殿气势恢宏，一下让原来在大明宫遗址上居住的道北人民震撼了。他们这才意识到，原来自己脚下的这块土地这么厚重，这么有历史。泡沫式的演绎唤醒了大家对历史文化的记忆。按照国家文物局的要求，演出之后必须尽快拆掉这个舞台，但是因为当时有相当一批人，尤其是道北人不让拆，对"含元殿"依依不舍，所以过了很长时间才拆掉。

依托道北人的这种记忆和热度，2007 年 10 月 29 日，大明宫遗址区保护改造项目正式启动。整体搬迁 3.5 平方千米内的 10 万人口，这是西安历史上从未有过的，仅拆迁安置成本就高达 90 亿元。如果要完成大明宫遗址区保护改造项目整体需要投入 160 亿元，而当时西安全市 2006 年的生产总值才 1450.02 亿元，财政总收入只有 236.97 亿元。一个项目的投资额就占到西安全市一年财政总收入的 67.5%，这是前所未有的。西安市 2007 年全年完成城市基础设施投资也只有 224.37 亿元，完成曲江新区固定资产投资只有 82.80 亿元。显然，如果单纯依靠政府投入，想要完成大明宫遗址区保护改造项目几乎不太可能。但是这个项目建设刻不容缓，一方面遗址遭到了严重破坏，再过几年可能就消失了；另一方面遗址上的百姓为了保护这个历史文化遗产付出了很大的代价，最大的代价就是生活质量，他们也急切地希望有更好的生活方式和生活条件。

有了大雁塔北广场的经验，段先念很快找到了破解之道。曲江新区首先投资了 10 亿元，注册大明宫集团，然后又向银行融资一部分，最后通过招商引资获得了一家建筑集团几十亿元的投资。在这个过程中，他们还成功地运营了一个基金——大明宫基金，把社会上各界人士、海内外华人保护中华文明的积极性调动起来，他们捐款、捐物，这些也变成了保护大明宫遗址的一部分资金。这样大手笔地引入企业、个人的投资来参与历史文化遗产的保护，至今仍存在争议，但对当时的西安来说是一种无奈之举。

2010 年 9 月，西安市道北区的最后一批厂房开始搬迁，拆迁工作即将告一段落。在征地拆迁过程中，在补偿安置上向当地居民倾斜，确保改善居民的生活环境、生活质量和经济收入，使他们切实感受到自己是城市发展的最大受益者，从而成为大明宫遗址区保护改造项目最坚强的支持力量。然而，拆迁只是大明宫遗址保护改造项目中最小的一步。当大明宫遗址完整地呈现在大家面前时，面对一片深入地下的夯土、遍地的瓦砾，如何向现代的人们呈现唐代大明宫的历史格局、文化气势？

经过不断地探索讨论，一个设想诞生了：将大明宫遗址建设成一座向市民开放的遗址公园。通过遗址公园这种形式，把地下的遗址保护起来，同时在地上把遗址的历史文化展示出来，让人们能够真正地感受遗址、了解历史。

大明宫始建于唐太宗贞观八年，是大唐帝国的大朝正宫，是唐朝的政治中心和国家象征，也是当时世界上面积最大的宫殿建筑群。丹凤门是大明宫的正门——南门，门前是宽达 176 米的丹凤门大街，丹凤门以北依次是含元殿、宣政殿、紫宸殿、蓬莱殿、含凉殿、玄武殿等组成的南北中轴线，宫内的其他建筑也大都沿着这条轴线分布。整个宫域可分为前朝和内庭两部分，前朝以朝会为主，内庭以居住和宴游为主。前朝的中心为含元殿（外朝）、宣政殿（中朝）、紫宸殿（内朝），内庭有太液池，各种别殿、亭、观等30余所。"九天阊阖开宫殿，万国衣冠拜冕旒"，彼时的大明宫是至上皇权的象征，既是当时世界上规模最为宏大、规制最为严整、规划最具特色的宫殿群，也是中华文化与世界文明的交融点和对外传播的动力中心。

方案虽然有了，但是更大的问题再次出现，在这场经营和历史的对话中，保护和开发之间的矛盾如何解决？当房地产商蜂拥而来，准备大干一场、大赚一笔的时候，段先念和他的团队却强调，这个项目是一个世界级的文化项目，不允许他们在世界级的遗产旁边做一些他们认为只要能赢利就可以做的业态。基于这样的理念，他们不仅有针对性地选择房地产开发商，同时还对他们的开发业态进行严格限制。段先念在接受央视采访时曾提道："遗址公园一定要尊重原貌，这是前提。我认为遗址和公园只要处理得好，是不矛盾的。按公园来讲，3.2平方公里的大明宫至少要有1000个座椅、长凳供大家来休闲。大明宫就采用了专家的意见，园子里边可以跑步、散步，但是你要坐下来，对不起，只能坐在草地上。大明宫国家遗址公园里面没有座椅，我们希望你来看，但是不要大量的人流聚集在这个地方，这是为了保护遗址。"在这样的理念下，曲江用遗址公园的方式实现了大型土遗址的保护，在经营和历史的对话中交出了一份答卷。

在这份答卷上，丹凤门勾起最亮丽的一笔。丹凤门有五个门道，也就是所谓的"天子五门道"，唐朝皇帝举行登基仪式、宣读改元、宣布大赦，都在这里举行，它也因此被誉为"大唐第一门"。这座曾经无比煊赫的帝国门阙经过几个世纪的朝代更迭、战火破坏，当初的地上建筑几乎已经不复存在，残存门址由墩台、门道、隔墙、马道、城墙等部分组成，均为夯土结构，不但破坏严重，还非常脆弱。如今人们再来到丹凤门，看到的是一座土黄色的威严高大的丹凤门遗址博物馆，仰望这座高 32 米的宏伟建筑，有一种穿越之感。历史遗留的夯土之上，大跨度钢结构搭建起丹凤楼的主体，城门的屋顶、斗拱、檐柱、梁枋等唐代建筑形制则使用轻型铝镁锰合金板制作完成。整个丹凤楼像金钟罩一样覆盖在遗址之上，不仅把整个建筑体积放大，还为遗址形成了一个人工保护屏障，并达到了国际公约中建筑可拆卸式的要求。

从丹凤门走进大明宫，径直往北就来到了含元殿遗址，历史的夯土向世人默默展现着这座宫殿曾经多么宏伟壮丽。登上数十级台阶，来到含元殿遗址最高处，俯瞰长安城，盛唐场景已在脑海中再现。走出含元殿，继续往北，走过宣政殿就来到了皇帝的寝殿——紫宸殿，这里曾是大明宫中最显贵、最繁忙的宫殿之一，武则天曾在这里垂帘听政，唐玄宗也曾将朔望朝参改成在紫宸殿中举行，唐宪宗元和以后，更将紫宸殿改作常朝正殿，大臣能够入紫宸殿朝奏、议事，称为"入阁"，是极其荣耀的事。这样一座代表皇权中心的宫殿却永远地消失在历史烟尘中，不见踪迹。为了在大明宫中标识紫宸殿的位置，设计者采用了一种模拟建筑的展示方式，在遗址夯土上进行覆盖，然后构筑砖石基台，基台上用轻钢材料模拟柱、梁、坊、檩、鸱吻等传统建筑构建，架构成殿堂的骨架，显示建筑的规模、轮廓、空间形象，展现中国古代建筑的文化特征。古老的大唐宫殿被赋予了新的生命，焕发出新的光彩。漫步在大明宫国家遗址公园，透过坚实的夯土、复原的仿唐建筑回望历史，盛唐的繁华气象、文化精神仿佛重现眼前，新鲜欲滴，蓬勃绽放。

面对这份答卷，也有不少人提出了质疑。有人认为，大雁塔北广场、大唐芙蓉园甚至是大明宫国家遗址公园里面，大量的仿古文物都只是一堆水泥，没有任何意义。对此段先念表示，站在历史的长河来看，我们今天所做的大唐芙蓉园是演绎也好，是一种文化创意也好，是一种复古仿制也好，都无所谓。今天它叫文化财产，但是过了1000年以后，它就是文化遗产了。无论如何，从大雁塔北广场到大唐芙蓉园再到大明宫国家遗址公园，都是通过既合规又合法的创意执行再现大唐盛景，让每个人置身西安的时候都可以感受到盛唐的气氛、文化和精神。

有人认为，曲江新区更多的是在做房地产开发。事实上，西安市作为西北地区的中心城市，著名的千年古都，进入现代以来，经济发展水平一直不理想，而境内大量的文物古迹既是资源，也是保护对象，需要大量的资金投入。以大明宫遗址为例，在建成大明宫国家遗址公园之前，政府每年要投入200万元用于遗址保护，但这也仅是杯水车薪。无论是城市发展、居民生活改善还是文化遗产保护，都需要大量的资金，而筹集资金最好的方式就是进行一定的商业开发。在认真追忆盛唐文化的基础上，通过"经营城市"的手段让历史文化资源焕发出现代的青春，把埋藏在地下、刻印在书本上的文化资源通过文化创意变成文化产品，以房地产开发为跳板创造从聚人气到聚财气的经济价值，把历史的记忆、文化的感受和现代的消费连接起来。

《"十四五"文化和旅游发展规划》中明确提出，推进文化和旅游业态融合、产品融合、市场融合，推动旅游演艺、文化遗产旅游、文化主题酒店、特色节庆展会等提质升级，支持建设集文化创意、旅游休闲等于一体的文化和旅游综合体。鼓励在城市更新中发展文化旅游休闲街区，盘活文化遗产资源。西安通过大雁塔北广场、大唐芙蓉园、大明宫国家遗址公园等一系列项目，激活了沉淀的历史和文化资源，让大家感受到了曾经大唐盛世的气息，也为城市吸引了大量的人流。但是其搭建的"文化＋旅游"的商业模式稍显单薄，人气火爆的商业经营还没有成气候，文化和旅游的业态融合不够深入，新业态没有出现。

以大唐芙蓉园为例，大唐芙蓉园曾被称为曲江文旅的"现金奶牛"，其收入来源包括门票收入和经营性收入。2020年8月1日起，大唐芙蓉园免费开放之后，经营性收入成为其唯一的收入来源。然而，公开信息显示，大唐芙蓉园的经营性收入主要来源于水舞光影秀、《梦回大唐》、御宴宫等演艺、餐饮项目。然而，这些项目因消费较高、空间有限，真正能够留住的游客非常有限。对于日接待游客4.5万人的大唐芙蓉园来说，如何打造更平民化的文化消费空间，如何带动普通游客的消费节奏，是必须考虑和解决的经营问题。大唐芙蓉园曾重现大唐盛世的元宵灯会，再现了大唐时期"金吾不禁夜，玉漏莫相催"元宵之夜的盛世记忆。然而，游客在人山人海中穿梭，除了观灯很难找到一处地方可以歇歇脚，坐下来品味大唐盛世的街头文化、人间烟火，体验李白笔下"落花踏尽游何处，笑入胡姬酒肆中"的少年恣意。能够走进御宫宴赏歌舞、品美酒、尝美食的游客毕竟是有限的，能够在陆羽雕塑前真正领会《茶经》文化的游客也是寥寥，如果大唐芙蓉园中能够设计一些极具大唐文化色彩的茶馆酒肆，让游客能够在拥挤的人群中享受片刻悠闲，在喝酒品茶中体验唐朝文化的精髓，对游客来说这趟大唐之旅想必别有一番风味，对大唐芙蓉园来说不仅扩展了消费文化的空间，更营造出令人心动的消费氛围。

《国务院关于进一步加强文物工作的指导意见》中明确，应深入挖掘文化资源的价值内涵和文化要素。西安以盛唐记忆和繁华追忆创新历史文化资源、活化展示的同时，还应以盛唐文化遗产 IP 内容为源泉，促进文化与旅游、会展、休闲、养生、金融等行业的融合，同时借助数字化等科技力量培育文化新业态。

一直以来，无论是秦始皇帝陵博物院还是陕西历史博物馆，呈现出来的历史文化都比较沉重，不生活，不生动。大唐芙蓉园、大明宫国家遗址公园用一种全新的形式让人们体验到带着烟火气的大唐盛世。站在历史的长河来看，它们带来的不仅是一座城市的改变，也不仅是文化旅游的飞跃，更给西安、给中国带来了文化自信，给有重大遗址的城市提供了一个保护和利用遗址的范例。

第 4 章

未尽的巅峰——2015年，中国电影的奇迹之年

如果为中国内地电影市场历年总票房画一张曲线图，我们会发现这样一个有趣的现象：2010 年首次突破 100 亿元里程碑，2015 年以近 50% 的增长勇攀高峰，之后的曲线虽然一路向上，却再也没有出现那般陡然升起的巅峰时刻。

2015 年的 12 月刚过去 3 天，中国电影年度票房就踏上了 400 亿元的征程，热切又从容地刷新着每日的数据，向巅峰时刻冲击。截至 12 月 31 日，2015 年中国内地院线总票房达 440.69 亿元，全国院线上映影片 358 部，放映 5438 万场次，观影人次 12.60 亿，刷新多项票房纪录。在这 440.69 亿元的票房中，国产影片的票房约为 271 亿元，比进口影片票房多了 102 亿元。站在全球的视角来看，2015 年全球票房 383 亿美元，其中北美电影市场贡献票房 111 亿美元，中国电影市场则以 68 亿美元票房成为北美之外电影市场的第一大票仓。

这是世界电影史上创造票房奇迹的"中国速度"，更是中国电影产业化改革结出的丰硕成果。

2014 年 5 月，财政部、国家发展和改革委员会、国土资源部等部门联合发布《关于支持电影发展若干经济政策的通知》，强调通过文化产业发展专项资金重点支持电影产业发展。专项资金主要用于五个方面，一是推动高新技术在电影制作中的应用；二是支持中国电影企业走出去；三是支持重要电影工业项目和高科技核心基地建设；四是资助具有较强市场竞争力的重点影片；五是加强重点专业性电影网站建设。此外，税收优惠政策、中西部地区县级城市影院建设资金补贴政策、金融支持政策等一系列助力电影产业发展的经济政策，为中国内地电影产业的飞跃式发展提供了保障，也成为 2015 年巅峰之年的重要推手。

当我们站在高山之巅审视中国电影的力量，票房奇迹的背后出现一连串新鲜词：IP、网络购票、自来水、小鲜肉、小镇青年……国产电影以 270 亿元票房成功逆袭引进的好莱坞大片，合拍影片各项数据均创历史新高，高科技赋能电影产业各个环节，每一项成就都是 2015 年中国电影产业的重要表征。

合力加速度

2015 年的暑期档在中国电影史上创下一个又一个新纪录。

2015 年，暑期档期间共上映电影 86 部，总票房 124.31 亿元，占全年总票房的 28%。7 月单月票房突破 50 亿元大关，达 54.9 亿元。《煎饼侠》《大圣归来》《捉妖记》不断刷新包括首日、单日、单周、单片等 20 项中国影视纪录。8 月票房势头依然不减，截至 8 月 30 号，《捉妖记》以 23.53 亿元票房坐

上内地票房纪录的第二把交椅。同期上映的《煎饼侠》票房
11.58 亿元，以超过 1∶50 的投资收益比成为华语影史最赚
钱的电影。而《西游记之大圣归来》则打破《功夫熊猫 2》保
持了 4 年的纪录，加冕国内动画电影票房冠军，将票房带到
9.43 亿元的新高度。3 部电影合力贡献了不可思议的 45 亿元
票房，接档的《滚蛋吧！肿瘤君》同样以票房口碑齐飞的成绩
让 2015 年的暑期档再次掀起高潮。

　　令人惊叹的票房奇迹背后究竟有着什么样的力量？巅峰
时刻的电影业出现的新变化与新现象，究竟对中国电影全产
业链有着怎样的影响？我们站在几年之后再去对它们进行观
照，一种"虚胖"的感觉悄然袭来。各项创纪录的数据背后，
是当时中国整个电影工业体系以"人海战术"合力打造的加速
度，也是经济社会发展各项因素不约而同发力的结果。从国家
到各省市出台的一系列扶持政策极大地推动了中国电影工业体
系的发展，与电影相关的产业基地全面开花，剧本生产、电影
投资等逐渐从无序进入有序发展；电影制作、发行和播映仍然
是产业发展的重点，民营企业在制作、发行领域逐渐表现出更
明显的竞争优势，助推电影产量大幅度增长，发行体系更加完
善；三四线影院数量的增长、银幕的增加也为票房贡献了不小
的力量。然而，从整体来看，当时的中国电影产业体系尚不成
熟，虽然能够通过各个领域的合力创造高峰，但无法实现持续

发力。对合力加速度创造的"虚胖"进行总结和反思，也映照着中国电影产业未来的发展。

大制作与小成本的较量

2015 年 7 月 16 日 22 时 28 分，《煎饼侠》的导演大鹏更新了自己的微博："我导演的第一部电影《煎饼侠》就要上映了，无论结果如何，我把自己想到的、能做的所有事情都做了，没存一丝一毫力！"一个多月后，《煎饼侠》的票房已经达到 11.58 亿元，而它的投资只有 1100 万元，投资比超过 1∶100，成为中国电影史上最赚钱的电影之一。

《煎饼侠》的制作人陈祉希算过一笔账。在《煎饼侠》开拍之前，大鹏自制的网剧 IP《屌丝男士》已经有 20 亿的点击率，哪怕转化率为 1 也会有 2000 万观众，按基准票价 30 元计算，总票房就有 6 亿元。哪怕再除以 2，转化率只有 0.5，总票房也有 3 亿元。相对于 1100 万元的投资来说，依然是赚钱的。不仅如此，《屌丝男士》里邀请了很多知名演员出演，这些都是大鹏的资源。当大鹏转型做导演去导一部电影时，这些资源也是有转化率的，这些出演的知名演员也是电影票房的有力保障。后来证明，陈祉希这笔账算对了，《煎饼侠》的票房奇迹的确离不开《屌丝男士》的宣传带动，也离不开知名演员的影响助力。

电影产业首先是一个创意产业，票房却是一个现实的问题。有人专注于创意，拍摄自己心目中的理想影片，却在票房上惨败；有人从现实出发拍摄更适合市场的影片，收获高票房的同时却被斥为"缺乏创意"。在打造一部高票房、高口碑的影片之路上，创意执行力的核心到底什么呢？

成功打造《指环王》《英国病人》等好莱坞大片的韦恩斯坦影业联席董事长哈维·韦恩斯坦曾在接受央视采访时表示："有时候票房是会骗人的。比如一部影片成本是 2 亿美元，票房是 4 亿美元，那它不算成功。但如果成本只有 2000 万美元，票房却有 4 亿美元，那就太棒了！《国王的演讲》成本不到 2000 万美元，但在全球取得了 4 亿美元的票房，对我们来说这就成功了。2012 年我们推出的《被解救的姜戈》成本是 7000 万美元，全球票房是 5 亿美元，同样很成功。"

从这个意义上来说，《煎饼侠》无疑是一部非常成功的影片。事实上，早在 2011 年，一部投资仅有 890 万元的《失恋33 天》揽获 3.5 亿元票房，就已经在中国电影业引发热议。博纳影业集团董事长于东曾在采访中透露，《失恋 33 天》的投资方是第一次拍电影，他曾向他们传授拍摄电影的"三条腿理论"，也是他们那个时代总结出的创意执行。"三条腿理论"是指一个圆桌如果有三条腿作为支点，桌子就比较稳，不会倒；如果这个桌子有一条腿是虚的，两条腿是结实的，它也不会倒，起码能立得住；如果有两条腿都是虚的，它肯定就歪倒了。电影成功的三条腿就是资本、导演、演员。如果具备其中两个因素，那么这个项目是可成立的；如果一个因素都不具备，那就算了吧。从"三条腿理论"来看，投资小、导演和演员也不是非常知名的《失恋33天》，显然属于应该放弃的项目。但是，它却以1∶22的投资比成为2011年中国内地电影市场的"黑马"。业内人士在复盘其成功的原因时，提到最多的是贴合现实的故事内容以及符合"光棍节"节日氛围的营销，引起无数年轻人的强烈共鸣。

于东的"三条腿理论"为什么在《失恋33天》上没有发挥作用？根源就是该理论来源于曾经辉煌一时的"中国大片"逻辑。"大片"的概念源自中国观众对好莱坞影片的印象，一般是指汇聚大制作、大投入、大场面、大"明星"等因素的"大"电影。

1995年，詹姆斯·卡梅隆导演的《真实的谎言》在中国上映，当年票房即达到1.02亿元，是中国电影市场第一部票房过亿元的影片，也是好莱坞大片在中国火爆的开端。3年之后，同样由卡梅隆执导的《泰坦尼克号》在中国上映，首映票房就高达3.6亿元，并且快速风靡全国，成为现象级影片。

2002年，投资2.5亿元的《英雄》上映，中国正式迎来了大片时代。之后，2005年的《无极》投资高达3亿元，2006

年的《满城尽带黄金甲》耗资 3.6 亿元，2011 年的《金陵十三钗》花费 6 亿元巨资打造……这些"中国大片"在电影史上写下了浓墨重彩的一笔，也为中国电影走向国际市场打开了一扇窗，对中国电影产业的影响意义远远大于票房的价值。以《英雄》来说，在北美上映之后，该片迅速夺得当年北美票房周冠军，并且被美国《时代周刊》评为 2004 年度全球十大佳片第一名。不仅在北美，该片在日本、欧洲的票房也不俗，一致获得好评。制片人张伟平曾回忆，2005 年，他在墨尔本、伦敦、温哥华等国际大都市不止一次看到，家电商场里一整面电视墙展示色彩的样片播放的是《英雄》。张伟平认为，这比在国外拿奖还有意义，因为得奖不等于走向世界。

张艺谋在接受采访时也回顾了《英雄》拍摄背后的故事。他说，投资是一步一步加上去的，一开始他只是打算拍一部比较有个性的武侠电影，但是随着知名演员的加入、大场面的制作，投资就这样加上去了。那时候大家对于市场、投资、回报、票房等，还没有太成熟的概念。拍摄《英雄》的初心源于张艺谋的武侠小说情结和他自己的想象力，比如黄叶落下，红衣飘飘，某种很飘逸的感觉，让打斗具有美感，诗化这种意境。在工作的时候，导演基本上都在全神贯注地营造自己所希望的那个世界。

卡梅隆导演对此深有共鸣。他在创作《阿凡达》的时候，有一天晚上在梦里梦到了像《阿凡达》里的场景，醒来后他画下了梦中的画面。在影片真正拍摄的时候，他告诉自己："我不要学术的或者理性的东西，我要制作一个梦境，让我的电影观众和我一起去做梦。"所以我们才能在《阿凡达》里看到人们骑着像龙一样的生物穿梭在半空的山中，夜晚在森林里奔跑的画面。如果卡梅隆当时思考得太多，我们就看不到这样精彩的电影。

当我们把视线放在大片的投资上时，导演考虑的却是梦境、画面、观众的共鸣，这显然是我们始料未及的。相对于为观众造梦的大片来说，小成本影片更擅长用戏剧性的故事打动观众，导演、演员的知名度以及资本的投入，这些大片必备的要素似乎被弱化了。

从大制作到小成本，从造梦到现实故事，既是电影发展历程的印迹，又是不同时代观众的不同选择，然而当我们深究它们赢得票房的秘密时会发现，无论是大制作还是小成本，都必须遵守一些有关人的共性的东西，一些能够让全世界的人都引起共鸣的东西。

讲好一个好故事

2011 年 8 月，即将满 29 岁的她被诊出"非霍奇金淋巴瘤"，医生委婉地宣布结果不妙。在和病魔抗争的过程中，她戏谑地管这个瘤叫作"肿瘤君"，并把患病就医期间的点滴画成漫画，立志变成"抗癌斗士漫画家"。2012 年 3 月，她的漫画作品发布，引起巨大轰动，点击量超过 3000 万。5 个月后，漫画书《滚蛋吧！肿瘤君》正式出版，发行超百万册。真人电影同时在计划中，她甚至想过病好后在电影的最后和观众打个招呼。然而，2012 年 11 月 16 日晚，熊顿微博"@ 熊顿 XD"贴出一则消息："项瑶，我们亲爱的熊顿，已于今天 17 点 25 分离开。感谢这么长时间以来大家对她的支持与关爱。愿她在天堂还像以前一样快乐，安好。"许多人不愿相信熊顿已经离开。2015 年 8 月 13 日,《滚蛋吧！肿瘤君》电影上映，首日票房达到 5400 万元，并最终以 5.103 亿元的总票房位列 2015 年国产片票房的第 9 位。

面对"好电影到底要具备什么样的要素？"这个问题时，中外电影业界的导演、投资人、演员等领域人士的观点不谋而合，他们强调好电影必须要有"动人的故事""很好地讲故事""如果故事能够打动我，我并不在乎它原来是不是一个很大的 IP，我一定会去投资""作为一个演员，我接这个角色，是因为它打动过我"。毫无疑问，熊顿乐观、坚强地和病魔抗争的故事是一个直击人心的好故事，但是如何把这样一个感动千万人的故事搬上大银幕？考验的不仅是演员的表演能力，更是导演、编剧讲故事的能力。

"80后"导演韩延并没有把这部电影的基调定成一部煽情片或者催观众眼泪的影片，他不希望大家感觉得病是一件很可怕的事。他想通过电影告诉观众："你在生活里遇到多大挫折都没关系，你看熊顿就是这样去生活的。"这样的故事基调恰恰延续了真实故事中熊顿传递给大家的感觉。在拍摄现场，韩延一直在严格控制主演情绪的释放。主演在采访中说："我在现场的时候，会被韩延要求不准哭，我眼泪流得最多、最难过的时候他喊了'卡'。因为我作为熊顿，还是要把自己比较乐观、比较积极的一面展现给观众。但其实我演她，我去体会她，我觉得一个29岁、30岁的女孩子，不可能不恐惧生命的流逝，不可能不留恋这个世界。所以我只能在离开现场后，不是熊顿、回到我自己的时候，到房间里面去哭。"同时，为了更贴近角色特点和年轻观众的需求，电影中用了很多二次元的表现手法。这些细节都让《滚蛋吧！肿瘤君》这部电影更加贴近现实，也更加动人，引发了广泛共鸣。

冯小刚在接受央视采访时，对2015年中国电影市场的火爆也提出了"虚胖"的评价，他认为中国电影人最应该关注的是创作，拿出最大的诚意把剧本这个环节做扎实，拍一部好电影。重视剧本，对编剧创作的尊重和对剧本的严格要求，是拍一部好电影的基础。对此，《变形金刚》《钢铁侠》的编剧阿特·马库姆提到，最好的电影都是描述人物，人物塑造好，电影才会好。他的观点和罗伯特·麦基所著的《故事》中的观点不谋而合，书中提到，"经典设计是指围绕一个生动的主人公而构建的故事，这个主人公为了追求自己的欲望，经过一段连续的时间，在一个连贯而具有因果关联的虚构现实中，与主要来自外界的对抗性力量进行抗争，直到以一个绝对不可逆转的变化而结束的闭合式结局"。

　　冯小刚执导的电影《集结号》就是这样一个好故事。《集结号》是一个关于任务和牺牲的故事，主人公谷子地是一位解放军连长，接受了一项带领全连阻击敌人为大部队转移争取时间的任务，任务结束以"集结号"为令。但因战斗负伤，谷子地无法确定是否已经收到撤退的号令，而战士们却选择和他一起坚守阵地，最终全部牺牲。谷子地死里逃生，又历经各种坎坷与误解，最终找到事情的真相，为牺牲正名。从英雄牺牲到英雄被当作失踪者，再到寻找英雄，最后找回英雄，最终形成一个闭环的叙事结构，将个人命运与时代车轮结合。

　　动人的故事往往隐藏在直击人心的细节中。卡梅隆在接受采访时透露，为了拍《泰坦尼克号》，他们真的潜水到泰坦尼克号残骸的地方去拍。电影中进入船体的镜头，就是他们进入到真正的泰坦尼克号残骸里面拍的。为了还原当时沉船的场景，卡梅隆请教了很多专家，还邀请了大概 705 个幸存者对当时的情况进行描述，但他们描述的很多地方都不一致，卡梅隆就从这些不同的描述中找到一些共同点，来猜测当时可能发生了什么。在拍摄、制作的过程中，在对人物、道具的调配上他会非常注重细节。比如，要沉船的时候，海水涌入一个储藏间，里面有不同的柜子，上面放着很多层盘子，这样严谨的细节设计会给观众带来强烈的真实感。

　　细节之外，好故事还需要技术的支撑。电影或者说电影的制作，本身就是一个技术活，不是纯艺术。卡梅隆被认为是好莱坞最激进的技术革新派。1997年《泰坦尼克号》成功之后，卡梅隆沉寂了8年，在不被众人看好的前提下，拍摄3D影片《阿凡达》。苦等8年的重要原因之一是当时的技术还不够成熟，特别是3D和IMAX技术，拍摄和后期就长达4年。《阿凡达》前期的拍摄时间并不长，但过程非常复杂，演员们身穿黑色束身服，上面布满了白色的小光点，天花板上则布满了120个黑白相间的监控摄影机，它们用来捕捉演员的每一个动作。演员的面部特写通过头戴一台对照他们面孔的动态捕捉摄像机完成，这台机器将会捕捉到他们脸部哪怕是最细微的变化，比如面部肌肉的抽动，瞳孔的放大和缩小，牙齿、嘴巴和嘴唇的互动等。之后所有数据将被上传到房间四周十几台电脑中，而这些数据将与动画模拟人物的动作合二为一，最后加上虚拟场景一起传送到卡梅隆眼前的取景器上——一套专门为《阿凡达》打造的电脑系统，花费了9个月的时间才制作完成。

其中的运算极其复杂，生成一幅画面就需要花费 30 个小时。技术上的投入和付出，使《阿凡达》最终获得了巨大的成功。

　　细节、技术都是在电影中讲故事的手段，那么好故事来自哪里呢?《英雄》《阿凡达》这样的故事可能来自导演的梦境，但故事感似乎弱了一些;《泰坦尼克号》《滚蛋吧! 肿瘤君》这样的故事曾真实地发生过，但可遇不可求。2015 年的电影市场，IP 改编电影异军突起，成为好故事中不可忽视的一股力量。IP 种类涵盖了网络小说、网络视频、网络热帖、流行歌曲、综艺节目、动漫游戏、民间传说、经典故事等。IP 改编因其已经有了一定的受众基础和知名度，可以在一定程度上降低影片的投资风险，但是最终是否能够成功，在很大程度上还要取决于改编成电影之后的故事表达是否打动人心。以同样改编自网络文学的超级 IP《鬼吹灯》的《九层妖塔》和《寻龙诀》为例，虽然这两部电影都取得了不错的票房，但无论从票房总数还是观众口碑上来说,《寻龙诀》都更胜一筹。《九层妖塔》的颠覆性改编失去了原著盗墓探秘的感觉，而《寻龙诀》在技术特效的加持下呈现的奇观和神秘的地宫探秘感，极大地满足了原著粉丝对《鬼吹灯》电影化的想象，获得了更多的支持。可见，不管 IP 本身的故事性如何，在改编成电影的过程中如何讲好故事仍然是一个极大的挑战。

　　正如中国电影家协会秘书长饶曙光所说，从一个 IP 到一部电影作品，中间需要经过创意的过程。电影永远是一个创意工业，创意永远是电影创作最核心的因素。如果这个转换过程没有新的创意元素注入的话，那么这个 IP 很可能会走向失败。

对于"电影好故事"的探讨始于票房，终于剧本、创意。大家对电影如何讲好一个好故事的关注表明，中国电影正从追求数量转向追求质量，尤其是在叙事能力的开拓上，也为中国电影创作的发展起到了开路先锋的引领性作用。中国电影最后的实力将是"创意 + 编剧 + 工业体系"。

疯狂的电影营销

2015 年的中国电影市场出现了一支神秘力量。他们号称"自来水"，意为自发为电影推广、宣传的免费"水军"。在他们的大力推动下，首映当日全国排片仅 10% 的《西游记之大圣归来》成功逆袭，不仅排片量一路上升到 40%，并且最终以 9.6 亿元票房的成绩创下国产动画电影前所未有的奇迹。其中，不断发展壮大的"自来水"在电影营销中起到了不可替代的作用。

营销是电影生命周期中非常关键的一个环节。然而，之前大家对于电影营销的印象，就是哪儿贴了一张电影海报，或者是什么地方播了一个电影的预告片。进入互联网时代，我们发现，社交媒体成为电影营销的重要战场。调查数据显示，中国电影观众与互联网受众在人群结构上有很高的重合度，因此电影营销的互联网化也成为必然。

　　首先是社交媒体上的话题营销，比如通过电影官方账号、导演和演员的账号发布电影花絮、海报、宣传片等，吸引网络大 V 和粉丝关注，甚至发酵出"自来水"在网络上爆出好口碑。这一点在《西游记之大圣归来》的营销过程中表现得淋漓尽致，甚至成为 2015 年重要的电影现象。口碑跟踪统计显示，观众感受提及最多的有"支持、赞、国产良心""国产动漫加油""感动，看得想哭""感谢，带回童年的梦想""中国英雄"等。从这些表达中，我们可以窥见这部动画电影引发"自来水"暴涨的原因在于，影片质量很高，对中国传统文化细节的打磨和呈现满足了观众的文化需求。影片带着观众最熟悉的人物和引人入胜的故事，带着融合了中国传统文化设计的各个角色形象，用一句"这是一个需要英雄的时代"唤醒埋藏在中国观众内心深处的英雄情结与民族情怀。比如影片中的反派妖王"混沌"一开始的形象参考了《山海经》中的描述，"有神鸟，其状如黄囊，赤如丹火，六足四翼，混沌无面目，是识歌舞，实惟帝江也"；变身之后的形象则非常接近《神异经》中的描述，"昆仑西有兽焉，其状如犬，长毛，四足，似罴而无爪，有目而不见，行不开，有两耳而不闻，有人知性，有腹无五脏，有肠直而不旋，食径过"。再比如影片中不时响起的《小刀会序曲》《闯将令》《筝锋》等民族配乐，还有不断穿插其中的京剧鼓点、唢呐吹唱，以及最后"混沌"吟唱的昆曲小调"五行山，有寺宇兮。于江畔，而飞檐。借童男童女之精华兮，求仙药，而历险"，无不是对中华文化的传承和发扬，同时也成为"自来水"口碑营销的话题。

其次，网络视频也成为电影营销的一个重要渠道，包括网剧植入以及在线视频访谈等，特别是利用同名网剧提前预热，形成观影期待。含着《屌丝男士》这枚金钥匙出生的《煎饼侠》正是充分利用了网剧IP的影响力。在《煎饼侠》拍摄之初，制作方就已经决定要在《屌丝男士》第四季的视频后面放出电影的预告片。作为一部拥有千万级观众的网剧，电影贴片占了片长的4~5分钟，而且完全没有违和感，这是任何一部电影都做不到的，也绝对不是几千万元宣发费能够解决的一个问题。这也是网络视频IP改编成电影的优势所在。与此同时，直播间互动、在线视频访谈等形式也陆续展开，比如大鹏、柳岩、袁姗姗、潘斌龙等主演通过搜狐互动直播间和观众进行互动营销，大鹏接受搜狐视频头条人物访谈，《煎饼侠》主创微访谈，制片人陈祉希参加网易《热咖秀》等活动均为影片带来了持续的热度。

另外，电影与购票App和电商合作也蔚然成风。电影通过在购票App上提供活动低价票和"秒杀票"等，即可锁定海量票房，甚至提前收回成本。2015 年，有 75% 的观众通过在线购票的形式走进电影院。当用户习惯通过购票 App 选购电影票时，这些平台就可以通过页面展示、广告宣传等方式影响用户的选择。在低价票、"秒杀票"带来的微薄利润之外，购票 App 利用自身的用户资源，以联合发行的角色参与到电影工业的流程中。其中不少联合发行的影片票房大卖，表现尤为突出的是美团猫眼电影参与联合发行的《港囧》，影片累计斩获 16.13 亿元票房，引领联合发行一路向前。

　　除了以上这些途径，互联网的日新月异也带动电影营销策略不断更新。微博话题炒作、意见领袖主导、病毒视频传播、网剧植入、在线视频访谈、主题曲营销、直播售票、与购票网站电商合作推出低价票和"秒杀票"等，这些所谓的电影营销秘籍正在成为常规动作。2019 年，电影衍生的抖音短视频累计播放量达到 280 亿次，影片覆盖率达到 98%。除短视频平台外，2019 年票房排名前十的电影热门微博话题互动量达 3.42 亿次，微信公众号文章阅读量达 1.87 亿次，而直播售票渠道更是创造了 6 秒售出 25.5 万张电影票的惊人成绩。

　　在互联网化的电影营销之外，主创人员和观众见面的路演也成为电影营销必不可少且影响力巨大的一个策略。《煎饼侠》的导演加主演大鹏凭借 31 个城市、188 家影院、211 场见面会的路演刷新了中国电影路演纪录，带动中国电影营销进入拼路演场次的时代。之后,《大闹天竺》完成 60 天 50 城 "欢闹中国行" 全国路演,《万万没想到》主创演员兵分三路,用时 35 天跑了近 100 个城市……中国电影路演城市数量不断被刷新,效果却因片而异,因人而异。

《煎饼侠》路演的成功首先得益于影片本身的高质量,以及大鹏对影片细节的打磨。比如影片中大鹏和柳岩有一条爱情线,为了找到足够的理由说服观众理解为什么柳岩会不计代价地帮助大鹏这样一个不帅,也不是特别有钱,更不是特别有才华的人,大鹏下了很大的功夫。经过不断地尝试、打磨,影片中设计了一个对话来表现柳岩刚出道时很苦恼,大鹏怕她不开心,就会每天发一张自拍丑照逗她开心。这种艰难时刻的陪伴细节让这条爱情线变得很饱满,很容易打动人。其次,《煎饼侠》路演的成功还得益于大鹏平易近人的形象和在路演现场的投入表现。31 个城市的路演,大鹏几乎一场不落地亲临现场与观众热情互动。在路演现场的视频和照片中,大鹏都像一个能量棒一样点燃每一个路演现场,让参加活动的观众都感到很开心、很快乐。这样全身心投入的路演所带来的效果远远不只是 31 个城市那么简单。

无论是互联网营销还是路演,从本质上来说都只是一种宣传手段,一种吸引观众买票观影的途径,观众观看电影之后的口碑才是将电影营销推向新高度的重要力量。随着时代的发展，中国观众的眼睛越来越亮，对影片质量的要求也越来越高，对于质量不佳的影片来说，疯狂营销可能会带来一轮高票房收入，但很难维持后续的生命力，甚至可能会遭到反噬，陷入口碑崩坏的困境。当所有的营销秘籍不再是秘密，最好的营销就是作品本身，就是一部好电影带来的口碑。

大银幕与小镇青年

"《捉妖记》上映的暑期档，我们比往年的国庆档还要忙。这是完全没有预料到的，每天都像打仗一样，有很多家长带着孩子来看电影。到了春节档，很多返乡青年带着家人来到电影院，甚至很多周边县城和乡镇的人专门开车跑几十公里来看电影……"在某三线城市影院工作了近 20 年的工作人员对于2015 年影院的火爆生意仍然记忆犹新。

数据显示，中国三线及以下城市占中国总票房比重自2012 年开始连续保持增长，到 2019 年已经上升到了 34.5%。2015 年，中国影院总数为 6046 家，其中三线及以下城市的影院数量为 3708 家，占比达到 61.33%。在一、二线城市院线建设已经较为饱和的情况下，三线及以下城市银幕数的增长带动了全国总银幕数的增长。2015 年，几乎平均每一小时就会增加一块新的银幕，总银幕数较上一年增加 8027 块，达到31627 块，与美国相比仅相差 8000 余块。截至 2019 年 8 月底，中国总银幕数达到 66164 块，其中 3D 银幕数为 59371 块，均居世界首位。

数据背后，国家的各种政策是根本保障。2010 年 1 月，国务院办公厅印发《关于促进电影产业繁荣发展的指导意见》，提出进一步深化院线制改革，大力发展跨区域规模院线、特色院线和数字院线……着力发展主流院线市场，大力开发二级市场和社区电影市场、农村放映市场，积极开发电影的电视点播、家庭影院放映、互联网点播、手机等移动多媒体播映等市场，加快形成传输快捷、覆盖广泛、层次多样的现代电影市场体系。2021 年，国家电影局发布《"十四五"中国电影发展规划》，提出积极开发二级市场和农村市场，规范发展点播影院和点播院线……充分调动版权方积极性，拓宽发行渠道，提升影片供给质量和效率，推动国产新片大片尽快进入农村市场。这些政策极大地提升了三线以下城市对电影的消费力，推动小镇青年成为中国电影市场一个新的增长点。

有人因为萌萌的小妖王胡巴走进电影院，有人为紧凑的情节、清新幽默的台词买单，也有人为一众知名演员的出色演技点赞，更有人为"中国人自己的魔幻世界"惊叹……2015 年的夏天，一部《捉妖记》横空出世，打败火爆的好莱坞大片《速度与激情 7》，以 24.39 亿元票房登顶 2015 年内地票房总冠军，其中小镇青年对票房的贡献超过了八成。

　　小镇青年的概念源于 2013 年郭敬明导演的《小时代》，指生活、工作在三线以下城市，有钱有闲的年轻群体。2015年的《捉妖记》让小镇青年在观影群体中彰显出不容忽视的力量，并且快速成长为中国电影市场中一支基数庞大、增长迅速的观影主力军。2016 年的《美人鱼》在小镇青年的热捧下，票房一骑绝尘，荣升第一部票房超过 30 亿元的国产影片；2017 年的《战狼 2》更是在来自三线及以下城市的小镇青年的推动下，以 56 亿元的票房杀进全球电影票房前 100 的行列。

　　当小镇青年成为票房中坚，越来越多的电影创作和宣发开始注重研究、迎合他们的需求和喜好。比如,《捉妖记》宣传公司的 CEO 强调的"地级营销"，就是针对三线以下城市开展的电影营销策略。有这样一个细节值得我们关注，宣传公司在为《捉妖记》制定营销策略之初，圈定的是除北京、上海、广州、深圳等一线城市以外的票房"前 50 城"，然后逐一联系当地的媒体人去对接和督导内容创意、播出等事项。这种本土化的营销能够让营销信息更快地触达当地消费者，更容易吸引小镇青年的目光，让营销效果最大化。相对来说,《战狼 2》征服小镇青年靠的则是影片传递的家国情怀和激情燃烧的视觉特效，一句"犯我中华者虽远必诛"，成为小镇青年家国共情的宣泄口，点燃了他们的观影热情，为影片贡献出 80% 以上的票房。

票房之外，小镇青年的崛起还带动了 70 后、80 后青年导演的喷涌式出现。《战狼》的导演吴京是 70 后，《煎饼侠》的导演大鹏、《滚蛋吧！肿瘤君》的导演韩延、《唐人街探案》的导演和编剧陈思诚都是 80 后，以 5 万元成本赢得 60 多万元票房的《大侦探夏洛克》的导演图拉古是 90 后……这些青年导演大多数都是来自三线以下城市的小镇青年，他们更懂得小镇青年的需求和表达，因此成为中国电影产业中一股快速成长的力量。2019 年，名不见经传的青年导演创作的电影《流浪地球》《哪吒之魔童降世》《误杀》分别拿下春节档、暑期档、贺岁档的票房冠军，开创了中国电影史上的新时代。

影评人汪小鱼认为，中国青年导演层出不穷的喷涌式状态，特别像 20 世纪 90 年代初的美国，当时也是诞生了一批非常优秀的青年导演，所以才形成了人类电影史上不可逾越的 1994 年现象。在十几年前，中国电影市场好像就几个导演，整个电影市场似乎是被导演所控制的，很多观众不是去看什么故事的电影，也不是谁演的电影，而是看谁导演的电影。随着时代的发展，市场需求的变化，青年导演获得了更多呈现、表达的机会。这是一个非常美好的"春秋战国时期"，我们会发现市场上 90% 的票房破亿元的电影都跟之前的那些电影人没有关系，中国电影好像返回了一个青春时代，进入一种狂飙式的发展阶段。

　　归根结底，中国电影的票房奇迹是观众创造的。无论是总银幕数的增长，还是小镇青年的崛起，都是观众对电影市场的选择性增强、对电影产业发展的影响力增强的表现，这是票房奇迹最基础的保证。

　　资本关注市场，但创作者、观众关注的是电影作品本身。当泡沫和喧嚣褪去，我们再回头看 2015 年的中国电影市场，发现一些问题，解决一些问题，更多的是在探索、创新中收获。

中国电影的力量

　　2017 年,《中华人民共和国电影产业促进法》的全面施行推动了中国电影产业的发展与转型升级，也进一步带动了中国电影市场的迅猛发展。也就是在这一年，全球电影总票房达 406 亿美元，而中国内地票房达到了 79 亿美元，占比达到 19.46%，作为世界第二大电影市场的地位更加巩固，在世界电影版图上的重要性愈加凸显。与此同时，中国电影"走出去"连续 5 年保持增长态势，仅 2017 年国产影片海外票房收入就达到 42.53 亿元。

　　2019 年，中国内地总票房为 642.66 亿元，在全球总票房的占比达到 21.9%，国产影片全球年度票房首次突破 300 亿美元，达到 311 亿美元。其中《哪吒之魔童降世》和《流浪地球》分别位居全球年度票房排行榜的第 11 位和第 12 位，《我和我的祖国》《中国机长》等 10 部影片位列榜单前 50 位。在国家"一带一路"倡议的影响下，2019 年我国与塔吉克斯坦签署合拍协议，到今天，中国已与 22 个国家签订了电影合拍协议。中国电影在全球电影市场上占据越来越重要的地位。

2019 年 7 月，国家电影专项资金管理委员会办公室发布《2019 年中央级电影专项资金资助电影对外交流和海外发行推广工作的申报指南》，细化了申报单位及业务要求、申报单位需提供的材料、填报材料要求、实施和监督管理等内容，有效推动了中国电影市场国际化水平的提高。

2022 年，《"十四五"中国电影发展规划》明确，锚定2035 年建成文化强国的目标，坚定不移走高质量发展道路，进一步提升国产影片创作质量，健全电影产业体系，增强电影科技实力，提高电影公共服务水平，扩大电影国际影响力，助力电影强国建设。

当好莱坞邂逅中国电影

一只来自美国的熊猫，带着中国武侠的爱恨情仇，用筷子吃着包子、面条，在笛子和二胡等中国特色乐器演奏的乐曲背景下，上演了一场用中国功夫拯救世界的传奇。《功夫熊猫》系列是好莱坞进军中国市场最成功的影视作品之一，前三部的总票房超 18 亿美元，豆瓣 8.2 分，可谓是票房与口碑齐飞。

詹姆斯·卡梅隆曾表示，中国是一个强有力的市场，在全球范围里，3D 版《泰坦尼克号》在中国赚的钱，已经和世界其他国家的总票房收入一样高了。这个真的很让人意外，也说明现在中国电影市场的巨大能量。

无独有偶，2015 年上映的《速度与激情 6》在中国的票房收入也超过了北美本土市场的票房收入。2013 年 7 月，预算高达 1.9 亿美元的《环太平洋》在北美上映首周票房仅入账 5228 万美元，而上映第二周，该片票房便暴跌 57.2%，无缘北美地区票房榜前 5 名。反观该片于 7 月 30 日在中国内地上映首日票房就达到 5000 多万元人民币，5 天就收获近 3 亿元人民币的高票房，次周也有 2 亿元人民币入账。截至 8 月 16 日，《环太平洋》国内票房累计已经高达 5.96 亿元人民币，一举超越北美本土的 9767 万美元。同样遭遇冰火两重天的，还有另外两部好莱坞影片。2013 年上映的《重返地球》在北美市场的总票房仅 6000 万美元，但在中国内地上映首周就收获 8700 万元人民币。2012 年的灾难片之王《白宫坠落》，耗资 1.5 亿美元，在北美市场却只卖了 5000 多万美元，但在中国内地市场却掀起了观影的新高潮，虽然经历了改名和题材撞车的风波，票房依然在首周轻松过亿元人民币。

作为全球第二大电影市场的中国，已经成为好莱坞日益看重的海外市场。然而，随着中国电影市场日趋成熟，中国观众不再像过去那样盲目地为好莱坞电影捧场。即使是在中国内地反超北美本土票房的《环太平洋》，也被评价为"全程无燃点""单靠技术撑不起一部好电影""没有任何剧情可言，真是一部简单粗暴到无聊的电影"……类似这样的评价在中国市场上的其他好莱坞影片上也出现过，与之相随的就是好莱坞影片在中国市场的票房表现和影响力都逐渐式微。在中国票房的巅峰之年 2015 年，国产影片票房总额为 271.36 亿元，市场份额为 61.58%；而进口影片票房总额仅为 169.33 亿元，市场份额为 38.42%。2019 年，进口影片的市场份额缩小到 35.93%，到 2021 年，这个比例进一步缩小为 11%。这与国产影片整体质量的提高有很大关系，也与中国观众对好莱坞影片的场面和特效两项核心优势的新鲜感、敏感度逐渐降低有关。

一方面是中国市场成为好莱坞影片赖以生存的海外市场，另一方面是中国国产电影的强势崛起和中国观众观影需求的提升，当好莱坞邂逅中国电影，会碰撞出怎样的火花？

中国元素、中国角色、中国演员成为好莱坞抢占中国市场的首要法宝。早在《碟中谍 3》中，现代化的上海首次亮相好莱坞影片，而国际影星汤姆·克鲁斯更是在浙江省西塘古镇上演了一场"生死黄昏"。随着这些场景被中国观众们认可，好莱坞影片已经不局限在某一个小小的场景中使用中国元素，而是将整个故事背景、拍摄场地都搬到了中国。《变形金刚 2》的开场大片设定在上海，《环太平洋》机甲战士固守的地方是中国香港，驾驶员唐氏三胞胎在影片里被描述为曾经 7 次击退外星怪兽的英雄。

华纳兄弟高级副总裁欧俊在接受央视采访时透露，《环太平洋》是传奇影业和华纳兄弟共同投资制作的，他们做这种大制作电影时要和很多国外人才进行合作，从而最大限度地提升影片在这些国家的票房。比如，在电影中融入中国元素和中国主题，或者为亚洲国家特别设计一些元素，他们希望能通过这样的方法在影片中呈现更多的亚洲文化。

IMAX 公司董事长理查德·格方也表示："好莱坞看到了中国市场票房的迅速增长，但我们没有太多时间来了解中国观众的口味和说故事的方法。虽然在短期内中国元素能吸引更多观众，但长期来看，好莱坞需要想出更好的办法去影响中国观众。"

好莱坞也愿意把更多的好电影拿到全球来寻找演员，尤其是在吸引中国这个快速成长和成熟的市场时，他们会向中国演员伸出很多橄榄枝。《生化危机 5：惩罚》中的李冰冰，《环形使者》中的许晴，《云图》中的周迅，《敢死队 2》中的余男……越来越多的中国面孔出现在好莱坞影片中，但是他们很少扮演核心角色。

在影片中加入中国元素、中国角色、中国演员只是最浅层次的一种实验，好莱坞对中国市场更深层次的进军是以联合制作、合资公司等形式制作、发行合拍片。正如狮门影业联席董事长罗博·弗莱德曼所说，无论是在文化上还是创造力上，亚洲电影市场在世界电影中都占据了愈发重要的位置。美国电影公司对此早有关注，这为电影的相互交流提供了越来越多的机会，不仅要让更多的亚洲观众欣赏美国影片，还要让更多其他地方的观众欣赏亚洲影片。

张开怀抱，走向世界

在2015年的电影市场江湖，合拍片引领中国电影走向世界的浪潮席卷而来。

根据《中外合作摄制电影片管理规定》，合拍模式分为三种，第一种是联合摄制，即由中外双方共同投资（含资金、劳务或实物），共同摄制，共同分享利益及共同承担风险的摄制形式；第二种是协作摄制，即外方出资，在中国境内拍摄，中方有偿提供设备、器材、场地、劳务等予以协助的摄制形式；第三种是委托摄制，即外方委托中方在中国境内代为摄制的摄制形式。在这三种模式中，只有联合摄制的版权归中方，并且享受国产片待遇，其他两种的版权不仅归外方，而且如果想在中国上映，会按进口片处理。从这个意义上理解，中国电影市场中的很多国产电影都属于合拍片，比如 2015 年的《捉妖记》《狼图腾》《山河故人》《横冲直撞好莱坞》《我是证人》《重返20 岁》《鬼吹灯之寻龙诀》《第三种爱情》《失孤》《道士下山》等。

在中国市场，虽然有越来越多的国产电影取得了不错的票房成绩，但是进军国际市场却普遍遭遇"滑铁卢"。比如，2013 年上映的《泰囧》在中国创造了近 13 亿元的票房，在北美黄金档的时候竟然只坐了 15 个人。2015 年在中国市场豪取24.36 亿元票房的《捉妖记》，在北美惨遭"滑铁卢"。导演许诚毅在电影节论坛上解释说："我们最开始并没有想把《捉妖记》放给北美观众看，没想过去北美上映，只是后来有发行方找来，说希望在北美发行。"他认为，如果合拍片定位为全球市场，就一定要在故事上进行调整，比如像《功夫熊猫 3》做了英文版和中文版，两个版本中的很多对话和语言是不同的，中文版里的"梗"针对中国观众，英文版的对话则为讲英语的观众定制。这或许是《捉妖记》在北美市场失利的一个原因，但更多的根源在于中国电影产业在全球市场中尚不具备优势。无论是影片的投资规模，还是电影工业体系，中国电影暂时都落后于好莱坞影片。然而，随着中国经济的发展，和世界经济、文化接轨，这些差距将不断缩小。

.回顾 2015 年，创纪录的电影票房增速不仅令电影从业者分外激动，也吸引了各方资本以百米冲刺的速度相继入局。其中最引人瞩目的当属以 BAT（阿里巴巴、百度、腾讯）为首的互联网企业。早在 2014 年，阿里巴巴就花费 62.44 亿港币收购文化中国 60% 的股份，成立了阿里影业集团，并签下王家卫、陈可辛、周星驰等大牌导演。另外，阿里巴巴还拥有华谊兄弟 8.06% 的股份，是华谊兄弟的第二大股东，同时它还是光线传媒的第二大股东。与此同时，阿里巴巴还布局了娱乐宝电影投资融资平台以及电影票预售、购买平台淘宝电影。2014年 7 月，百度旗下视频网站爱奇艺宣布成立爱奇艺影业公司，8 月爱奇艺与华策影视成立合资公司，从事互联网影视剧和综艺节目制作。腾讯成立以 IP 为核心的"腾讯电影 +"影视业务平台，投资电影《痞子英雄 2：黎明升起》《我是女王》等，而且腾讯也持有华谊兄弟 8.06% 的股份，与阿里巴巴并列为第二大股东。此外，搜狐视频早在 2012 年就开始投资电视剧，2015 年的《煎饼侠》总投资中超过一半来自搜狐视频。

2019 年，BAT 在完成对在线视频播映平台和在线选座售票平台的布局之后，又纷纷成立各自的营业公司，与传统的电影制发公司形成竞争与战略合作的新格局。随着 BAT 对电影制发播映环节介入程度的不断深入，中国电影的制作水平、发行模式、播映渠道等势必会得到提高和改善。同时，BAT 纷纷在电影产业链上游落子，腾讯成立腾讯文学、百度收购纵横中文网等动作，无不显示着互联网企业对于电影产业的宏大布局。在"互联网 +"时代，以大数据为基础的阿里影业、猫眼娱乐、腾讯影业占尽优势。其中，阿里影业、猫眼娱乐两大上市互联网影视企业在 2019 年出品影片的累计票房均超过 200 亿元。

以阿里影业为例，阿里影业在电影产业链中会重点做"一头一尾"的工作。"一头"就是众筹，即借助阿里影业的娱乐宝平台帮助业内的中小企业，尤其是新导演、年轻的导演，为他们提供融资服务。众筹的模式也比较简单，就是通过娱乐宝平台向全国用户推广即将拍摄的影片项目，如果众筹销售的数据特别好，观众对影片充满期待，这个项目就非常值得投资。反之，如果众筹效果不好，也预示着这个影片的市场前景堪忧。在众筹的过程中，还可以设计一些有趣的互动内容，比如所有参与众筹的观众都会得到一张定制海报，再比如邀请众筹较多的观众去剧组探班或者在影片中担任群众演员。"一尾"是指借助淘宝电影这个平台促进影片的尾端发行。

2019 年，阿里影业参与出品的《流浪地球》最终票房约为 47 亿元，并且在国际市场也取得了不俗的成绩。事实上，这部顶着"中国人自己的科幻商业大片"光环的影片在一开始并不被看好，甚至差点"胎死腹中"。《流浪地球》上映后，阿里影业相关宣发平台的支持成为其票房一路高歌的重要助力。阿里影业相关负责人在采访中表示："春节期间，手机淘宝这个超级 App 在首页专门为《流浪地球》展示主题图标、提供购票入口，并联动天猫国际为电影量身定制专题页面；另一个国民级应用支付宝也在首页以不同方式推荐该片。"此外，阿里影业还通过淘票票、优酷、大麦网、口碑、饿了么等平台，进一步整合多维的生态内资源，"一夜霸屏，充分曝光，触达数亿消费者和观影人群"。

在 BAT 的巨大背影中，仍然有一股力量不容忽视，那就是银行业对电影产业的介入。2014 年，七部委联合下发《关于支持电影发展若干经济政策的通知》，从税收、资金、土地、金融等方面扶持电影产业的发展。《中华人民共和国电影产业促进法》更是进一步明确，国家鼓励金融机构为从事电影活动以及改善电影基础设施提供融资服务，依法开展与电影有关的知识产权质押融资业务，并通过信贷等方式支持电影产业发展；国家鼓励保险机构依法开发适应电影产业发展需要的保险产品；国家鼓励融资担保机构依法向电影产业提供融资担保，通过再担保、联合担保以及担保与保险相结合等方式分散风险。在这一背景下，银行、保险机构、融资担保机构等金融机构也加入电影投资的浪潮中来，成为电影市场重要的资本力量。随着更多更有实力的资本入局，中国电影产业的投资水平、创作质量、宣发能力都将得到大幅度提高，逐渐拥有和全球电影市场合作、谈判的机会。

中国电影产业意识逐渐增强，产业化发展进程势不可当。而在电影衍生品开发领域，中国对电影衍生品的开发远远滞后于电影产业发展速度。在美国的电影收入中，仅有 30% 为票房收入，但在中国则有 78% 为票房收入，可见中国电影衍生品的收入水平与电影发展水平严重不符。但中国电影人很早就意识到了这个问题。导演、演员陈思诚曾在央视采访中分享了这样一个故事。他跟迪士尼亚太地区的负责人聊天的时候，对方提到，迪士尼曾经拍了一个电影叫《明日世界》，赔了 1.5 亿美元。但是他们觉得没有问题，因为他们在中国上海建了一个迪士尼乐园，其中最大的一个项目就是《明日世界》的主题乐园，他相信电影票房亏的钱很快就能从主题乐园中赚回来。事实上，电影票房在迪士尼所有项目收入中的占比连 10% 都不到，大概在 6%、7%。电影票房对中国电影人来说很重要，因为票房是中国电影唯一的收入来源，对他们来说，电影就是宣传品。分享完故事之后，陈思诚表示，中国电影人需要考虑的问题不应该只是如何增加票房收入，还应该考虑战略纵深问题，考虑如何进行衍生品开发，包括游戏、综艺、网剧、主题乐园、服装等。他的话引起了现场其他电影人的共鸣，作为

《寻龙诀》投资人之一的叶宁强调，对整个电影产业来说，电影衍生品真正的时代还没有开始。仅仅两年之后，《流浪地球》在取得高票房的同时，衍生品收入也高达 8 亿元。根据《流浪地球》的官方微博介绍，衍生品价格从几十到上千元不等，既包括模型这类还原电影场景的"硬周边"，也包括相关的帆布包、充电宝和水杯等"软周边"。事实上，《流浪地球》在电影上映前一年就已经敲定了衍生品开发计划，电影正式上映后，在各大电商平台发起了许多衍生品项目众筹活动，以一款模型夜灯加湿器为例，该衍生品众筹金额高达 170 万元以上，远超预设的 20 万元目标。随着中国制造和设计水平的突飞猛进，电影衍生品产业必将迎来更加快速的发展，同时推动中国电影产业化进程加快步伐。

中西方文化交流的加强也更加有利于中国电影走出去。几千年的传统文化积累是我们得天独厚的本土优势，也是中国电影能与好莱坞影片竞争的重要砝码。2019 年，在北美电影市场取得票房成绩的国产影片共有 23 部，票房累计达 2094.56 万美元。其中有 4 部国产影片的票房突破百万美元，分别是《流浪地球》（587 万美元）、《我和我的祖国》（235.6 万美元）、《哪吒之魔童降世》（369.5 万美元）、《少年的你》（192 万美元）。在北美票房同比下降的市场环境下，这些带着中华文化色彩的中国电影在北美市场的稳定增长显得尤为可贵。影院之外，中国电影在各大电影节上的表现也同样不俗。2019 年 2 月，咏梅和王景春凭借电影《地久天长》获得第 69 届柏林国际电影节最佳女演员和最佳男演员的殊荣，青年导演王丽娜的处女作《第一次的别离》获新生代单元国际评审团最佳影片。在第 72 届戛纳国际电影节上，刁亦男的《南方车站的聚会》入围主竞赛单元，祖峰的导演处女作《六欲天》、华裔导演赵德胤执导的《灼人秘密》入围"一种关注"单元。在第 76 届威尼斯国际电影节上，娄烨导演的《兰心大剧院》和杨凡导演的动画片《继园台七号》入围主竞赛单元，万玛才旦导演的《气球》入围地平线单元。这些都充分显示了华语电影正在走向世界，以中国的声音讲述东方的故事。

中国电影工业化进程也进入前所未有的飞速发展阶段。2019 年被称为"中国硬科幻元年"。《流浪地球》制作团队多达 7000 人，运用道具 1 万件，绘制图 1.2 万张，置景展开面积多达 10 万平方米，而且全片 2003 个特效镜头中有 75% 是由中国团队完成的。《攀登者》对技术的创新体现在运用了数字特效合成技术，营造了雪崩、狂风、冰川开裂等大场面。《中国机长》则首创了通过平板数字建模，实现了高灵敏度地控制飞机摇摆晃动。2019 年 8 月，中国自主研发的激光数字电影放映机 C5 正式通过 DCI（Digital Copyright Identifier，数字版权唯一标识符）认证，实现了中国历史上数字电影放映关键设备零的突破；同月，放映系统"CINITY"问世，这是我国具有独立知识产权，全球唯一同时支持 120 帧、4K、三维、高动态、广色域技术的系统；10 月，首个中国电影国际标准新工作项目提案在国际标准化组织电影技术委员会第 25 次年会上获准通过，中国电影技术标准登上"国际舞台"。产业化发展、传统文化挖掘、工业化体系建立，这些都成为中国电影走出去的底气和实力。

中国电影张开怀抱，走向世界，是浪潮，是大势。在这个过程中，我们当然会有各种各样的困境、分歧、疑虑，但我们相信，当下的问题会一点点得到改善，相信中国电影会越来越好，巅峰未尽。

第 5 章

打造『离地三尺三』的演艺段位

灯塔研究院发布的《回望峥嵘企盼春天——2019 年演出行业洞察报告》显示，2019 年中国演出票房迈入 200 亿元大关，同比增长 7.29%，票房增速赶超电影市场，现场观演已经成为年轻人文娱休闲的新风尚。剧场、演唱会、旅游演出在票房上齐头并进，呈三足鼎立的态势。其中剧场演出票房高达 84.03 亿元，稳居首位。

尽管票房增速上涨，演艺行业的发展态势却不容乐观。除极少数单位外，许多国有文艺院团经营都困难重重，在演出市场缺乏竞争力，严重依赖财政输血。为了促进演艺行业的发展，我国陆续发布了一系列政策。从 1988 年 9 月，国务院批转原文化部《关于加快和深化艺术表演团体体制改革意见的通知》，到 2021 年 6 月中共中央办公厅、国务院办公厅印发《关于深化国有文艺院团改革的意见》，其间，党和国家先后下发二十多个关于国有文艺院团改革的重要文件，推动改革措施落实落地，促进演出行业高效发展。

《关于深化国有文艺院团改革的意见》明确提出，以演出为中心环节，凝聚共识，激发国有文艺院团生机活力，创作生产思想精深、艺术精湛、制作精良的舞台艺术佳作，不断满足人民向往美好生活的精神文化需求。为了响应国家号召，各省市也陆续发布相关文件，推动演出行业发展。比如《江苏省"十四五"文化和旅游发展规划》提出，加大艺术作品展示传播力度，创新搭建惠民演出平台，支持优秀艺术作品多演出，特别是服务基层公益性演出，推动线上演播与线下演出融合发展，促进舞台艺术业态创新、升级换代。

舞台离地三尺三，演艺浓缩的是喜怒哀乐，升华的是现实的故事和精彩。一个民族、一个国家的艺术才华都会在这个心灵圣地渐次开放，每个历史时代都会留下自己时代的光辉。台上演艺的水平和高度，显示着时代的文化底蕴、欣赏水平、制作理念，能在舞台上走红的都是艺术杰作，也都是文化的回响，这回响成就了人们心中的圣洁高雅和共鸣。

从这个意义上来讲，经营舞台方寸间的生意大有讲究，也很有深度和挑战，艺术成就和经济价值都处在放大的公式之中。中国故事的国际化表达，百老汇拍案惊奇的经典之作，舞台上燃起的音乐剧梦想，都是方寸间的经营智慧和对差距的追赶。

中国文化消费市场和文化产业的发展与中国制造、中国创造一样，都在提升国内大循环和推动国内国际双循环中扎实推进。中国灿烂的民族经典和优秀文化加上旺盛发展的中国文化消费市场，深情演绎着舞台演艺的各种故事和传奇。

演一台国际大戏

"越是民族的就越是世界的",道理生根就开花,核心是要做到培土植根,这很不容易。也正是因为不容易,才凸显出成功者的魅力和智慧。

1951 年,一支由 332 人组成的中国青年代表团奔赴柏林,参加第三届世界青年与学生和平联欢节,京剧《新三岔口》《武松打虎》首次在世界舞台亮相,是中国舞台演出"走出去"的开端。

彼时的对外文化交流更多的还是送文化出去,以宣传的姿态站在世界舞台。随着国际形势的变化以及我国文化产业的飞速发展,大力发展文化的进出口贸易,通过商业化、市场化的渠道,向世界推销我国的文化产品和服务,扩大我国在文化上的影响力、亲和力,成为文化"走出去"的主要方式。

2019 年,中国文艺院团赴海外实地演出收入达到 34.55 亿元。中国对外文化集团于 2016 年 10 月发起、成立的丝绸之路国际剧院联盟,已吸纳近 50 个国家和地区的 80 多家海外成员参与,成为演艺精品"走出去"的重要平台。

近年来,文化体制改革工作日益深入,对外文化交流步伐加速,尤其在演艺领域表现得更为突出,不仅努力推动中国演艺精品"走出去"讲好中国故事、传播中国精神,还积极地把国外的演艺作品"请进来",进入我国文化市场,构建国际化的文化交流大舞台。其中当属音乐剧的成绩最为亮眼。仅在北京,2003 年的《猫》吸引了 6 万名观众,2007 年的《妈妈咪呀!》连演 18 场,不断刷新纪录。那是一段被业界称为原版音乐剧"春天"的时光,它们几乎占据了中国音乐剧市场 90% 的空间。随着中文版《妈妈咪呀!》《猫》全国巡演的票房不断走高,带来了社会效益和经济效益的双丰收,正式开启了经典音乐剧在中国的本土化之路,也为中国原创音乐剧打开了一扇窗。

"走出去""请进来",一出一进之间,一台国际大戏正在上演。

"走出去",闪耀国际舞台

7 个演出版本,18 个城市主流剧场驻场、巡回演出,40 万人次观众……"最佳赴海外演出"金奖、"优秀出口文化服务项目"、首个登上伦敦西区舞台的中国商业剧目、第一部向外国演出商收取演出版权费的中国出口剧目、在美国布兰森白宫剧院驻场演出 3 年共 729 场……这些都是中国演艺"走出去"的代表作品——《功夫传奇》的荣誉。

《功夫传奇》的成功源于对中国传统武术资源加以现代化、舞台化的运用,通过国际通行的表达方式,赢得了国际市场的认可和赞誉。该剧制作人曹晓宁在接受采访时曾说,文化产业必须以市场为先导,市场的需要就是剧目的目标。为了更好地贴合市场需要,《功夫传奇》在演出过程中改动了三十多次。尽管一开始做得很精致、很精练,但只是炫技式的展示性演出。在北美巡演时,很多观众问曹晓宁,你们为什么要练武术呢? 于是,他们加了一个小孩成长的故事。后来他们又请百老汇的导演提供修改建议,探索国际化的表达方式,最终形成了"成长与磨难"这样一个国际化的普世励志主题,引起了世界各国观众的情感共鸣。"启蒙""学艺""铸炼""思凡""面壁""山门""圆寂"等章节的设计,将中国武术的哲理注入其中,再结合拳、棍、鞭等多门中华武学,融合芭蕾、杂技、现代舞等表演元素,配合舞美灯光、音效等高科技手段,给观众带来一场独具中国特色又震撼心灵的舞台盛宴。

时任文化部部长的蔡武认为,一个好的艺术作品,一定要有创新的东西来吸引观众。比如中国传统艺术,有人追求原生态,好像只有保持它原来的状态才有吸引力。其实不是,只有跟上时代的步伐,追随人们的审美观念、欣赏观念的变化,进行创意创新,才能真正赢得市场。他认为《功夫传奇》成功的根源就在于"中国元素,国际表达"。这就像很多人到国外的中餐馆吃饭时,总觉得那里的中餐味道怪怪的,不如国内的正宗。实际上,这是因为那些中餐馆为了适应当地顾客的口味对菜品进行了改良。文化交流也是这样，演艺作品"走出去"必须要在当地找到一个接口，运用当地观众喜闻乐见的表达方式演出，这样才能赢得满堂彩。

在参与国际文化市场竞争的过程中，各种挑战接踵而至。对于《功夫传奇》的成功，有人认为它只是世界级的产品，中国还没有世界级的文化品牌。如果把中国的演艺团体放到国际市场去看，和日本的宝塚剧团、加拿大的太阳马戏团相比，的确存在差距。以太阳马戏团为例，它已经形成了一个完整的产业链，从上游的演员培养、剧目生产，一直到终端营销，全方位覆盖。中国对外文化集团所属的中演公司和太阳马戏团共同打造的《龙狮》，曾创造了太阳马戏团单一剧目全球巡演的辉煌成绩。整台戏的50多位演员中，中国演员占了近一半。在这场合作中，中演公司收入了两三亿元人民币，而太阳马戏团则收入了数亿美元。收入落差背后是国际市场经营能力的差距。

在《功夫传奇》在国际舞台大放异彩之前，中演公司早在2000年就将中国功夫搬上了舞台，推出了第一部大型功夫舞台剧《少林雄风》，并进行了数百场海外巡演。这次巡演突破了以往"买断式"的合作方式，将版权牢牢握在自己手中，同时也由自己承担市场风险，委托美国哥伦比亚艺术家代理公司全权代理该剧在国外的演出，承担租剧场、雇灯光师、宣传推广等责任，中演公司向他们支付中介费，而所有的票房收入则归中演公司。从"卖给他"到"雇用他"，中国文化产品"走出去"的同时，中国文化的营销渠道也开始"走出去"。只有建立起一套自己的遍布全球的渠道网络，才能真正在文化交流中掌握主动权，提升国家文化软实力，建立国际市场优势。

无论是文化产品"走出去"，还是营销渠道"走出去"，1979 年问世的《丝路花雨》都在"走出去"的路上留下了印迹。《丝路花雨》是一个开放性题材，讲述了一段发生在丝绸之路上敦煌莫高窟的故事，表现了东西方之间相互交流、相互开放的历史，描绘了跨越国境、跨越文化的爱情。这样一台兼具中国文化特色和世界文化记忆的演出，很快赢得了世界观众的喝彩，先后走进 40 多个国家和地区，累计演出 2887 场，观众达 400 多万人次。1981 年，《丝路花雨》第一次走出国门展开国际巡演。此时正是"卖给他"的年代，中国演出团队对销售渠道、终端消费者的需求、市场反应一概不知。30 年后的 2011 年，《丝路花雨》在演出 30 周年之际，以"雇用他"的方式再次走出国门，中演公司不仅雇用了美国的公关公司、市场营销公司、票务公司，还和肯尼迪艺术中心达成了很好的合作关系。该剧在美国肯尼迪艺术中心艾森豪威尔厅演出时获得了巨大成功，上座率几乎达到 100%。

　　如果说中演公司对营销渠道的经营是品牌化战略迈出的重要一步，那么打造《功夫传奇》的天创国际演艺公司在2009年全资收购美国第三大演艺中心——白宫剧院，则开创了中国文化企业在国外拥有、经营自己的演出剧场和中国品牌剧目的先河。这是中国文化企业"走出去"，以资本输出形式积极参与国际演艺市场竞争的一个里程碑。

　　这次收购过程可谓惊心动魄。谈判之初，对方开价1200万美元，这样的价格对于当时的中国文化企业来说的确有点高。等到对方把价格降到750美元的时候，一场跨越国际的讨价还价开始了。天创国际演艺公司总经理曹晓宁还价600万美元，对方认为这个价格是"恶意炒作"，毕竟白宫剧院的物业有18英亩土地（约合7.2万平方米），2个剧场，分别可以容纳500人和1200人，再加上剧场里面的所有设备，对方认为600万美元非常不合理，因此扬长而去。谈判中断，而且看似没有下文。然而，在美国金融风暴的冲击下，对方突然主动要求谈一谈，并反过来问多少钱合适。曹晓宁对价格来了个腰斩，报价300万美元。经过几番谈判，这场交易最终以354万美元的价格成交。白宫剧院从此成为《功夫传奇》在美国驻场演出的主阵地，曹晓宁称其为"永不落幕的展销会"。

　　兼并投资的确可以帮助中国文化企业在"走出去"的过程中获得更多的自主权，但是在中国演艺产业中，拥有这种实力的企业凤毛麟角。中国大部分演艺团体的固定资产很少，需要靠政府提供更多的金融服务、金融支持，才能"走出去"。

2022 年 7 月，商务部等 27 个部门出台《关于推进对外文化贸易高质量发展的意见》，明确鼓励各类演艺机构创作开发体现中华优秀文化、面向国际市场的演艺精品，开展海外巡演和海外社交媒体平台演出，推动民族特色戏剧、音乐、舞蹈、曲艺、杂技走出去，带动舞美设计、舞台布景创意和舞台技术装备创新和出口。培育演艺服务出口特色品牌，提升对外演艺服务能力。《意见》还提出创新金融服务，比如"推广知识产权质押融资、供应链融资、订单融资等业务""积极探索创新文化贸易出口信用保险承保模式""积极推广'信保 + 担保'模式，以多种方式为文化贸易企业提供增信支持"等。

金融支持只是手段，文化"走出去"的品牌战略核心实际上在于版权输出。我们在谈中国电影产业的时候提到过一个问题，美国好莱坞的大部分收入实际上来自电影票房之外的下游产业。这个下游产业的基础就是版权，比如经典音乐剧《猫》在全球的总收入将近 30 亿美元，这 30 亿美元既包括靠版权输出在世界各地演出的收入，还包括与演出版权相关的各种产品的收入。严格的版权管理和保护是演艺产业生存的基础，也是建立演艺品牌的保障，更是中国演艺产品"走出去"的话语权所在。

文化产业的繁荣、文化体制的改革，释放了更多的生产力和创造力。对于中国的演艺产业来说，要唱出的不仅是中国的主旋律，更要加入国际的大合奏，让中国的演艺精品能够在世界舞台上璀璨绽放。

"请进来"，落地要站稳

2011 年 7 月 8 日，上海大剧院正在上演一场大戏，舞台和观众席之间的界限似乎被悄悄打破，几乎每一个观众都站了起来，和舞台上演员一起跟着音乐的节奏摇摆、击掌，现场犹如一片欢乐的海洋。《妈妈咪呀！》中文版的热潮从这一天开始在中国大地上燃烧。半年后，《妈妈咪呀！》的足迹已经踏遍北京、上海、广州、西安、武汉、重庆等城市，演出将近 200 场，观众达到 20 多万人次，总票房逼近 1 亿元。

《妈妈咪呀！》中文版是中文音乐剧的第一品牌，更是中国演艺产业"请进来"的代表作。时光倒回到 2007 年，英文原版《妈妈咪呀！》在上海、北京等地进行了 16 场巡演，引进成本接近 1700 万元，赢利 1800 万元。这是《妈妈咪呀！》中文版诞生的前奏，也是对中国市场的试水。经过三年的艰苦谈判，2010 年 6 月，《妈妈咪呀！》中文版正式签约。

"请进来"只是第一步，如何本土化"落地"反而是最难的。尚未启程，质疑声已经传来：世界经典音乐剧的本土化改造究竟如何落子？

第一子落在"选演员"。看似简单的一件事在当时却非常艰难，一方面中国音乐剧市场并不成熟，优秀的演出人才严重匮乏；另一方面外方主创团队的甄选标准严格且独特，相对于外貌、经验这些可衡量的条件来说，他们更看重演员的舞台表现力和对音乐剧的投入与激情。基于这样的标准，来自中国台湾的音乐剧演员张芳瑜以清新、淳朴的形象以及出色的舞台表现力获得了女主角苏菲一角；而成名于 20 年前的沈小岑也凭实力跳出年龄的桎梏，成为谭雅的扮演者。随着一个又一个演员确定，新的问题纷至沓来。

如何在保证原版水准的同时，将歌词和台词使用中文表达？如何在本土化落地的同时，让整台演出依然保留国际化的腔调？或许是早有预见，这些问题的答案其实就隐藏在几百页的版权合同中。这份合同对制作、演员、灯光、音响以及票房分成等方方面面都作了极为细致严苛的规定，俨然一套详尽的国际音乐剧产业化标准制作运营指南。

有了标准，一切问题迎刃而解。剧本台词和歌词在翻译成中文之后，再在中国文化背景中发掘相近的表达方式，消除文化隔阂；舞美制作则比照百老汇演出版本，部分舞美器材从国外订制，在视觉呈现上尽量保留原汁原味。除此之外，《妈妈咪呀！》制作团队还竭力邀请国外专业人员加入，比如舞台总监廖维翰就是一位澳大利亚籍华人。演出时，他负责舞台全场几乎所有元素的调度，包括吊杆、换景、灯光、音乐等。他带来的是先进的标准化后台管理模式。

这台好戏的背后是文化体制改革的成功。这是一个用市场契约形式连接起来的制作团队，英国的导演团队、韩国的舞美灯光、加拿大的音响效果，再加上中国的演出阵容。如果没有文化体制改革，这样的合作形式想都不敢想。文化体制改革打破了传统体制下人员身份的束缚，实现了优秀人才的流动，带来了国际先进的音乐剧制作运营经验，极大地增强了本土化制作团队的创作能力。这场"手把手"教学、"点对点"学习，不仅创造了《妈妈咪呀！》中文版的巨大成功，还使中国音乐剧工业化水平向前迈进了一大步。

《妈妈咪呀！》首演一年之后，有史以来最著名的、演出时间最长的音乐剧《猫》的中文版在上海大剧院首演。有了《妈妈咪呀！》的成功经验，亚洲联创公司在《猫》的本土化运作中显得游刃有余。从演员招募到歌词、台词的翻译，再到造型、唱腔、舞美、灯光、道具，最后是营销推广，一系列动作均按照国际音乐剧产业化标准"复制"完成。"保姆猫"的演员陈鹭虹曾在采访中透露，剧中一共有 34 只猫，原版的制作方对每只猫的妆容、装束都有严格规定，每只猫都有自己的性格特点，都有自己的故事，所以每只猫的妆容、装束都是不一样的。而舞台上巨大的垃圾场布景使用了不少澳大利亚版在世界各地进行巡演的老道具，在这种原汁原味的场景中，又添加了月饼盒、铁皮水壶、新华字典、"京 B"车牌等极具中国文化特色的本土化道具。正如《猫》中文版总导演兼舞蹈总监乔安·罗宾逊所说，最终呈现在大家眼前的《猫》中文版是在原作基础上的一次全新创造。

"请进来"是为了更好地"走出去"，引进是为原创蓄力。《妈妈咪呀！》和《猫》中文版的成功，开拓了中国音乐剧市场，是中国原创音乐剧的探索实践，更是中国演艺产业对外文化交流的成功范例。

音乐剧这种西方经典传统能在中国生根，恰恰是因为其自身从形式到内容所具有的民族特色，越是民族的就越是世界的，"走出去""请进来"都是一样的逻辑。深度进入一种文化之后，我们会发现人类在文明的深层是相通的，这就是京剧一度走俏美国，音乐剧风靡中国的核心基础，而这也不断刺激文化产品走向全球。随着文化产业合作的深入，从上游产品的选择、版权的谈判，到演员的招募、剧目的本土化制作，再到整个项目的营销推广，甚至版权和创作都可以共享。

2001 年，英国电视台推出选秀鼻祖节目《流行偶像》，在全球刮起了偶像旋风。之后，美国 FOX 广播公司买下该节目版权，加以改编后于 2002 年推出《美国偶像》，自此该节目辉煌全美 15 年，被誉为"美国真人秀之王"。《美国偶像》退出历史舞台的 2016 年，大洋彼岸的韩国推出选秀综艺节目《PRODUCE 101》，"全民制作人"的概念使其大获成功，成为韩国选秀史上的现象级作品。这些火爆的综艺节目所创造的偶像市场不仅规模大、前景广，而且变现渠道多样，暗藏巨大的掘金机会。因此，综艺节目逐渐成为演艺产业中最具吸金能力的模块之一。对于迅速崛起的中国文化消费市场来说，把在国际市场已经得到检验的热门综艺节目"请进来"，无疑是最快的掘金战术。

2012 年的夏天，一款名为《中国好声音》的综艺节目引爆了中国的整个夏天，在赚足口碑的同时也赚得盆满钵满，广告单价从最初的 15 万元 /15 秒，到两周后的 36 万元 /15 秒，再到第二季定价 50 万元 /15 秒，完成了完美的三级跳。最后一场决赛的 3 个多小时内，仅 14 轮广告揽金创收就超过 1 亿元。《中国好声音》让一批"好声音"成为这个年度声音方面的骄傲和经典，也让中国演艺产业"请进来"这台大戏又添加了一个激动人心的情节。

《中国好声音》之所以成为中国电视综艺史上的一个现象级节目，其中最重要的原因就是在保证质量的前提下，实现了对原有版权的本土化创新。《中国好声音》不仅保留了原版节目的形式，更是严格按照原版节目的制作标准执行制作，甚至连红色转椅都专门从英国空运过来。对原版节目细节的严格执行，保证了节目的呈现效果，而本土化创新则使《中国好声音》跨越文化差异，在中国稳稳落地。相较于原版节目，《中国好声音》结合了中国特色的文化价值观，贴合中国电视观众的欣赏习惯，突出了"励志"和"梦想"的主题。"你的梦想是什么""你为什么来到这个舞台？"打开的是一个个生动感人的"好故事"，也打开了电视观众的情感阀门。此外，《中国好声音》大胆采取"制播分离"的模式，由制播双方共同投资、共担风险、共享收益。在营销方面，《中国好声音》则通过节目内容挖掘新媒体话题进行宣传，为收视率持续创造关注度。其中还有这样一个有趣的细节，在《中国好声音》第一期，制作方灿星文化向广告赞助商承诺，收视率一定会达到2.0%，否则就要退钱。实际上，第一期节目播出后收视率并没有达到2.0%，但是因为收视影响和口碑特别好，所以制作方不但没有退钱，还涨了价。随着收视率不断攀升，广告赞助的价格也不断上涨。制作方的信心源于节目播出后的市场反馈特别成功，而这份成功背后正是他们对原版节目的本土化创新探索。这些探索也成为日后中国电视综艺节目的制胜武器。

随着一个又一个国际经典演艺产品被"请进来"，并且通过本土化创新实现平稳落地，中国演艺产业的工业化水平得以快速成长，原创能力、制作能力都有了很大提升。比如《中国好声音》成功之后，灿星文化与中央电视台综艺频道联合打造的原创节目《中国好歌曲》不仅在国内掀起收视热潮，还成功走出国门，成为世界著名传媒集团从中国引进原创综艺节目并进行国际发行的首个案例。

创意没有标准，制造却有标准。创意是起点，演出是终点，中间的制作过程才是一台精彩大戏的核心。在对"请进来"的国际经典演艺产品进行本土化改造的过程中，在对原版制作标准的严格执行中，中国演艺产业的从业人员从一个机位、一件道具、一束灯光的细节标准中，找到了舞台上中国制造的答案。

舞台上的中国制造

舞台上的中国制造，探讨的不仅是某一个剧目如何经典以及是如何被精彩地创作出来的，关键要追问如何让它在市场上得到更多人的接受和欢迎。但并不是每一个演艺产业的从业人员都清醒地看到了这一点，或者说具备这样的本领。很多人在创作过程中只有突发奇想，根本没有考虑是否能着地；在制作这个产品的过程中又乱打一气，没有招数；到了营销推广环节，又变得羞羞答答、不知所措。像这样的制造过程，在我国的演艺产业中仍然常见。演艺产品的创新、演艺品牌的培育离不开政策扶持。

《关于深化国有文艺院团改革的意见》提出了"重点任务"，激发国有文艺院团内生动力，建立健全扶持优秀剧本创作的长效机制，建立健全促进剧目生产表演的有效机制，建立健全鼓励演职员多演出的激励机制，建立健全布局合理的剧场供应机制，建立健全国有文艺院团双效统一的体制机制等，为演艺产业的中国制造提供了政策保障。

随着中国演艺产业创新创意发展，中国演艺产业必然也会像其他产业领域一样，从中国制造向中国创造发展，推动中国品牌、中国创意在国际文化市场中参与竞争。

《立秋》创造舞台传奇

大幕拉开，民国初年山西丰德票号的马家大院，三扇大门依次打开，马洪翰牵着一个男童缓缓走向观众。光影交织，忽明忽暗，他们从故事中走来。"立秋了，立秋了。早上立了秋，晚上凉飕飕……"家国、儿女、新旧、存亡、忠奸、进退，剧中一个又一个矛盾点迎面袭来，或让人流泪，或让人唏嘘，或让人感慨，或让人振奋。马洪翰书房中众声朗朗："天地生人，有一人应有一人之业；人生在世，生一日当尽一日之勤。勤奋，敬业，谨慎，诚信。"方寸舞台，时光轮转，一部《立秋》尽显晋商本色。

《立秋》自2004年首演以来，连续巡演近20年，以"一年近百场"的密度，显示了一部优秀演艺产品的生命力，也创造了中国话剧史上的"舞台奇迹"。

《立秋》的成功首先是山西省话剧院文化体制改革的功劳。成立于1942年的山西省话剧院曾经创造了半个多世纪的光辉历史，却在2000年前后陷入最低谷，债台高筑，濒临倒闭。军转干部贾茂盛临危受命，走上山西省话剧院院长的岗位。生死存亡之际，话剧"门外汉"贾茂盛清醒地认识到，唯有打造剧院自己的品牌剧目才能杀出一条出路。然而，彼时的山西省话剧院已经几年没有排戏，队伍涣散，人心浮躁，想要排一台精品戏谈何容易。

2002年11月，文化体制改革被纳入国家发展战略，并作出部署。2003年，文化体制改革的大幕正式拉开，山西省话剧院作为山西省文化体制改革首批试点单位之一，迎来开创新局的转机。贾茂盛适时提出："搞一台能在全国叫得响、有教育意义、反映山西文化精粹的品牌剧目，是山西省话剧院的职责和使命！"

体制改革为山西省话剧院注入了新的活力，树立了"冲刺国家舞台艺术精品"的目标，也开启了话剧《立秋》的艰辛创作之旅。初见乍惊欢，贾茂盛研读完《立秋》初稿后，就认定这个故事可以打造成舞台上的精品剧目。从一开始他就目标明确，全力以赴。凭着对精品剧目的执着追求，他抓住体制改革的机遇，请来了导演陈颙、查明哲，编剧姚宝瑄、卫中，作曲家王晓刚等国内顶尖艺术家，同时通过竞聘的方式招募演员，组建了一支实力强劲的创作团队。他们孜孜以求，九易其稿，精心创作，为《立秋》付出了极大的心血，甚至是生命。首演前 9 天，陈颙导演因心脏病突发，溘然长逝。这一变故犹如晴天霹雳，这个戏还能不能登上舞台，瞬间成了一个大大的问号。改写这个问号的是陈颙导演的学生查明哲，为了完成老师的心愿，他毅然挑起了这个几乎不可能完成的重担。面对一台完全陌生的戏，查明哲带领创作团队不眠不休，六个日夜之后，《立秋》如期上演，并且大获成功。谢幕时刻，当查明哲导演捧着陈颙导演的遗像从后台缓缓走来，舞台上下一片肃然，两位导演为艺术前仆后继的精神，也成为《立秋》不可分割的一部分。

生命轮回，改革重生，《立秋》的成功除了创作团队的艰辛付出，更离不开山西省话剧院的市场运作。贾茂盛曾多次在公开场合表示，在把《立秋》推向市场的过程中，他们始终把"多演出"作为第一要务，抓住所有能抓住的机会。他们和全国各地的多家演艺中介机构合作，与全国各地的机关企事业单位建立友好合作关系，采用灵活的营销模式和演出模式，借助一切力量把《立秋》推向市场。他们不仅在山西本地

开展"招待场"演出，还利用政府推出的各个艺术周平台开展
"采购场"演出，针对城市低保人群、环卫职工和子弟兵开展
"慰问场"演出，走进大学校园开展"优惠场"演出。

事实上，即使是在十几年后，很多《立秋》的忠实观众
依然来自当初的大学校园，他们为这部曾在青春时光里绽放
的话剧而感动，而鼓掌。仅在 2019 年的高雅艺术进校园活动
中，《立秋》就走过合肥、淮南、蚌埠、马鞍山、兰州、银川、
石嘴山、吴忠、运城、长治等 10 个城市，为这些城市的大中
专院校奉献了 27 场演出，掌声久久回响。在各大视频网站发
布的话剧《立秋》视频下方，在校大学生成为评论的主力军：
"前天刚在学校看完，太感动了，落了几次泪。""当年来我们
学校演出的时候看的，太惊艳了！""经典真的有震撼人心的
力量！""看过的第一个话剧。"……这些评论不仅证明了《立
秋》的生命力，更证明了《立秋》走进大学校园所带来的市场
效应——普及了话剧艺术，培育了大批原本对话剧不太了解或
者不太感兴趣的青年观众，积累了《立秋》的人气和口碑。

《立秋》赢在市场意识，更赢在观众意识。贾茂盛曾经分
享过这样一个细节，《立秋》在山东建设银行的包场演出中，
有一个观众带着女儿来到后台向演出团队表示感谢。她认为，
在生意场上出现信任危机的时代，这样一出讲述晋商精神的
戏，用"勤奋、敬业、谨慎、诚信"的价值观念帮助年轻人找

到了做人的方向，对企业教育员工、家长教育子女以及个人成长而言，都是一本很好的教科书。

口碑从来不是一朝一夕的事情，而是在一台又一台的演出中慢慢熬出来的。尽管当初九易其稿，《立秋》也从未放弃对精品的追求，始终带着观众意识，把每一场演出都当作第一场演出。每一场演出结束之后，创作团队都会根据剧场效果和观众反应，再结合观众来信和网上的评论、弹幕等提出的建议，对演出进行打磨、锤炼。仅在 2004 年到 2006 年的两年间，剧本就做了 4 次大的修改，对细节的推敲与打磨更是不计其数。

在丰德票号由盛转衰的时刻，无论是誓死护碑守门的马洪翰，还是退出票号的许凌翔，面对挤兑潮，念念不忘的都是"纤毫必偿为信，时刻不易乃忠"的晋商原则，都是"诚信"之下的票号信誉和万千储户的利益。一顶兑现昔日诺言的金帽子，一沓还没焐热的股金银票，一把打开全部家底的钥匙……这些细节生动地演绎了"诚信是我们丰德的准则，更是我们向客户的承诺"。一个"诚信"贯穿全剧，走进观众内心深处，成为《立秋》长演不衰的灵魂。

精心打磨，精品渐成。《立秋》的主题看似一个气候转变的时间节点，却反映了中国近现代商业金融业变革中的矛盾与冲突，折射出中国传统家族企业的经营之道。时间倒回到 1987 年的夏天，山西省歌舞剧院推出一部大型民族歌舞剧《黄河儿女情》，用剪影效果体现人体之美，用民歌曲调沟通历史文脉，一经登场就引起震撼，半个月内连续演出 26 场，不仅在山西省内一票难求，还应邀赴北京、天津等地演出，在全国刮起一股独具特色的西北舞台艺术风。《立秋》的舞台布景、音乐设计中有许多地方都透着当年的影子。高墙、石狮、牌坊、绣楼的移步换景，家训屏风、大红灯笼、金帽子的细节呈现，民歌小调、秦腔戏曲的现场演绎，极具时代特色的山西风味扑面而来，推动着剧情向前发展。秋蝉鸣叫、细碎脚步组成的环境背景音和专业乐器打造的配乐组合在一起，既带来身临其境之感，又令人心潮澎湃，犹如和演员一起走进了跌宕起伏的故事中。这样的一出好戏值得荣誉加身，《立秋》先后荣获第九届中国戏剧节"首届中国戏剧奖·优秀剧目奖"，第五届全国话剧优秀剧目展演一等奖，2005—2006 年度国家舞台艺术精品工程"十大精品剧目"奖，中宣部第十届精神文明建设"五个一工程"特等戏剧奖，文化部第十二届文华大奖和观众最喜爱剧目奖，并荣登首届"中国文化产业品牌"榜，几乎囊括了演艺产品所有国家级重大奖项。

《立秋》的成功似乎拉开了山西文化产品的大幕，一部又一部极具山西文化特色、传播晋商精神的演艺作品登上舞台。2004 年年末，原创民族舞剧《一把酸枣》携晋商文化强势袭来，累计巡演 985 场，舞遍大江南北、海峡两岸，并且作为文化使者，远赴日本、韩国、澳大利亚、俄罗斯、巴林、美国等国家进行文化交流。美国国家公共电台曾评价《一把酸枣》"演出非常精彩，情节富有张力，表演柔美，气势恢宏同时又非常典雅，很能体现中国文化的元素"。

除了表演形式不同外，《一把酸枣》和《立秋》的成功之道如出一辙。首先是确立精品意识，不惜一切代价打造精品剧目，做到一鸣惊人；其次是树立市场意识和观众意识，打破"好酒不怕巷子深"的传统观念，借助政府平台、演艺中介机构、传统媒体和网络媒体等一切力量，向全国乃至全世界的观众宣传剧目，进行全国、全世界巡演。逐渐成熟的市场化运作，为演艺产品带来的不仅是商业价值，更多的是艺术价值和文化价值。

2011 年，通过整合山西省歌舞剧院、山西省晋剧院、山西省话剧院、山西省京剧院、山西省曲艺团 5 个单位组建而成的山西演艺集团全新起航。五大演艺院团沉淀积累的话剧《立秋》，歌舞剧《黄河儿女情》《黄河一方土》，京剧《走西口》等优秀剧目，以及拔尖的演艺人才队伍，为演艺集团的发展奠定了坚实的基础，同时也孕育着新的生机。

《立秋》时节，他们已经看到立春的繁花似锦，看到中国演艺舞台从制造到创造的演进。

一根麻花的跃迁

2015 年国庆期间，电影《夏洛特烦恼》以超过 14 亿元的票房成为不折不扣的国庆档"黑马"，而它背后的制作方却是扎根话剧市场多年的开心麻花团队。他们第一次尝试将一部话剧搬上大银幕就取得了空前的成功，而这部电影在短短一个月的上映期取得的收益，远超出这部诞生于 2012 年的话剧长达 4 年的演出总收入。"戏剧电影"这样一个新鲜的词汇也因此流行起来，年轻人开始更多地关注话剧这样一个小众艺术，并且尝试走进话剧剧场，感受话剧的魅力。

《夏洛特烦恼》爆火之后，对开心麻花团队的质疑声不绝于耳："开心麻花都做电影了，话剧是不是真的活不下去了？""话剧演员演过电影、电视后，还愿意享受话剧舞台的清贫吗？"……对此，无论是总经理刘洪涛还是演员艾伦，都始终坚持"没有放弃话剧""话剧是我们的根，我们最基本的工作，只有把最基本的工作干好才能去干副业，像拍电影、上综艺节目等"。这是一场关于文艺创作和商业价值的对话，像这样的对话从开心麻花团队诞生的那一刻起就一直在。

镜头推到 2003 年的夏天，《立秋》和《一把酸枣》尚在创作中，英文原版音乐剧《猫》在中国创下音乐剧巡演场次之最，开心麻花的主创人员也在此时相逢。遇凯、张晨、田有良共同创作的话剧《想吃麻花现给你拧》的首轮演出虽然没有在市场掀起太大水花，田有良也很快撤资离开，却成为"自由元素"更名为"开心麻花"的源头，也基本奠定了开心麻花话剧的喜剧底色。而那部话剧的所有演员最后也只剩下沈腾，因为他觉得这个团队和自己气味相投，"待着实在太舒服了"。至于后来成为开心麻花的"台柱子"，并不是沈腾一开始的追求。

沈腾在乎的"气味相投"也正是开心麻花搭建团队的标准。团队初创，缺兵少将，开心麻花却并没有通过招聘快速扩充团队，而是靠着熟人推荐慢慢地聚集起一批热爱舞台喜剧的人才。后来在舞台上大放异彩的杜晓宇、常远、马丽、艾伦等人都由沈腾带进团队。最初的团队很小，只有 7 个人；粉丝很少，最少的时候台下只有 4 位观众。但是，如果是因为"喜欢"，也就无所谓难或不难，坚持或不坚持。

在喜剧话剧这条路上，他们是拓荒者，无论是剧本创作、舞台演出还是观众市场，都没有前例可循。这群坚持做喜剧话剧的演艺人员，一边创作一边彩排，一边卖票一边演出。整个团队都出去发传单是常事，真实的体验被打磨为春晚小品《大城小事》中"发传单要看人下菜碟"的段子。后来舞台上的"哈哈"一笑，透着当初乐观的执拗。在北京那些隐没在胡同口的小剧场里，开心麻花通过一部又一部搞笑的演出在舞台上攻城略地，在越传越远的笑声中击穿"我没看过话剧"的市场障碍。

爆发很快来临。2008 年，开心麻花团队打造的《疯狂的石头》《阿翔》《两个人的法式晚餐》《谁都不许笑》《甜咸配》5 部剧实现了全年无间断演出，其中改编自同名电影、由沈腾执导的《疯狂的石头》还展开了全国巡演。电影版导演宁浩在看过话剧版《疯狂的石头》之后认为："话剧没有照抄电影，修改得很成功，有的地方甚至比电影中更嗨。舞台上运用灯光、音效等手段进行的时间、空间转换很有意思；从娱乐性讲，话剧甚至超过电影。"从某个层面来说，开心麻花已经今非昔比，品牌效应初显。

作为话剧舞台上的一颗新星，开心麻花接下来的发展轨迹该如何描画？时任总经理的遇凯苦思无果，最终在 2010 年把在传媒行业干了 22 年的刘洪涛挖来，担任开心麻花的总经理。此时的开心麻花虽然已经在话剧市场占据一席之地，却也只有二十来人的团队，年收入不足 1000 万元。显然，刘洪涛并不是来享受鲜花和掌声的，他要做的是带领开心麻花开创一片新的天地，让这个品牌在发光的同时创造更大的经济价值。

2015 年，开心麻花最亮眼的成绩并不是电影《夏洛特烦恼》的票房，而是成功挂牌新三板，成为"话剧第一股"，估值也从 3 亿元飙升到 54 亿元，至于 4 年后终止挂牌又是后话了。招股书显示，2014 年开心麻花实现营业收入 1.5 亿元，收入全部来自话剧和衍生收入，而当年全国话剧、儿童剧的票房收入总额也只有 26.54 亿元。彼时的巅峰时刻映照出的是开心麻花在刘洪涛领军之后，商业价值的直线提升。

这条商业之路实际上是那场文艺创作和商业价值对话的延伸，是优质内容和营销宣传的融合发展。市场定位之初，开心麻花锁定的就是年轻人。无论是剧本创作还是平均 200~300 元的票价，开心麻花都深入到都市年轻人最真实的需求中，让他们愿意走进剧场，并且能够再次走进剧场。同时，开心麻花首创"贺岁话剧"的概念，连续 20 年在新年来临之际，以盘点年度事件、幽默搞笑的表演风格引发年轻人的观剧热潮。至于宣传引流，更是从开心麻花团队初创之时就贯穿始终。随着新媒体的发展，传统的发传单、广告灯牌、电视媒体、平面媒体、广播电台、门户网站等推广方式逐渐被淘汰，视频网站和各类自媒体平台成为主战场，而在年轻人喜欢的餐厅、书店、影院等场所进行推广，以及在影视剧中植入广告的推广效果也越来越好。此外，开心麻花还会根据产品特征、时代背景等尝试新的营销策略。比如 2016 年上演的《莎士比亚别生气》采取了"第二张半价"的策略，引流效果显著，1700 座剧场座无虚席，连续 60 多场演出门票几近售罄，仅用一年时间就实现了 1200 万元的票房营收。票房之外，广告植入一直是影视剧创收的重要领地，开心麻花也在话剧舞台引入了该模式。但是，开心麻花的广告植入非常克制，始终坚守"广告植入绝对不能伤剧情"的底线。

艾伦在接受采访时表示，原创一直推动着开心麻花的创作往前走。而从刘洪涛的角度来看，创作一个好的产品，它可以不断地衍生出很多东西，如果去买一个 IP，就只能用一次。显然，打造属于自己的优质 IP 要更划算。所以，开心麻花团队愿意花一两年的时间去打磨一部戏，并且在演出过程中不断地调整、完善，最终形成一个又一个有生命力的原创 IP。

话剧舞台有边界，演艺产品却没有边界。

2012 年的春节，开心麻花跨越舞台，首次登上央视春晚和全国观众见面。据创始人之一的张晨回忆，当时是春晚总导演哈文先抛出橄榄枝，而开心麻花似乎一直都在等待这样一个机会。《今天的幸福》一改春晚舞台以往小品的风格，以充满戏剧味的喜剧方式让观众的春晚大餐多了一颗不一样的"开心果"。此后，开心麻花成为春晚的常客，7 年间 9 次登上春晚舞台，品牌知名度在全国范围内迅速提升。借着这股春风，开心麻花登上了更多的电视舞台，参加了《欢乐喜剧人》《喜剧总动员》等综艺节目。自此，"开心麻花"不再局限于话剧的方寸舞台，而是在喜剧领域探寻更多、更大的舞台。

在"开心麻花"还叫"自由元素"的时候，他们的目标实际上是电影，只是阴差阳错地走进了话剧门。当开心麻花在喜剧领域的名声越来越响，看到喜剧电影市场逐渐火爆，曾经的梦想再次被点燃：为什么不能做喜剧电影呢？就这样，一部《夏洛特烦恼》以"无大投资、无大明星、无大导演"的姿态横扫 2015 年国庆档，甚至冲上年度票房第 5 位。进军大银幕的第一炮打响之后，开心麻花乘胜追击，陆续推出了《驴得水》《羞羞的铁拳》等电影，都收获了不错的票房和口碑。

开心麻花搬上大银幕的电影都来自话剧舞台上不断打磨的原创 IP。这些故事被成千上万的观众检阅过，被无数场的爆笑验证过；这些演员被一个又一个舞台锻炼过，被一场又一场演出打磨过。所以，他们不需要大投资、大明星、大导演，也能够征服市场，让观众用脚为他们投票。这是开心麻花在喜剧电影市场的最大优势，很难复制。对于开心麻花来说，从话剧舞台到大银幕，是对原创 IP 商业价值的挖掘和放大，电影创造的高票房、高口碑又反过来反哺话剧舞台的创作，两者相得益彰。

跨越并未就此止步。除了电视节目、喜剧电影外，开心麻花还在音乐剧、线上网络剧等领域迈出步伐。在音乐剧领域，开心麻花同样坚守原创原则，陆续推出《白日梦》《爷们儿》《爷们儿·叁》《西哈游记》等作品，并且打造了首家自主运营剧场，在音乐剧领域的野心初见端倪。在线上网络剧领域，开心麻花早在 2012 年就制作了情景喜剧《开心麻花剧场》，效果却并不理想。2020 年之后，在线下业务受到冲击的情况下，开心麻花重整旗鼓，相继推出《亲爱的没想到吧》《兄弟，得罪了》《真想在一起》等网络短剧，获得了市场认可，为开心麻花的商业版图再添一笔。

抬头回望，开心麻花所迈出的每一步都源于其在话剧舞台上的沉淀，那个方寸舞台犹如一辆飞驰汽车的发动机，为开心麻花的商业之路提供了源源不断的动力。因此，开心麻花虽然在其他领域不断开疆拓土，却从未忽视在话剧舞台上的深耕。2019 年，开心麻花顺应潮流，推出首部餐厅沉浸式演出《偷心晚宴》，探索新的演出形式。同时，为了支撑沉浸式演出效果，开心麻花还积极布局城市演艺新空间，突破传统话剧舞台的场地局限。在新空间的支持下，2021 年推出的沉浸式戏剧作品《疯狂理发店》市场反响热烈。更多的沉浸式戏剧作品正在孵化，等待破壳。

话剧舞台拧出的这根麻花，带着打破窠臼、敢于创新的基因，不断地延伸自己的触角，探索新的市场空间。开心麻花的未来在哪里尚无答案，但是根一定在话剧舞台上。不忘初心，方得始终。

从黄金时刻迈向黄金时代

方寸舞台，向来是"台上一分钟，台下十年功"。近四十年的文化体制改革给中国演艺产业的发展铺垫了非常厚实的基础，曙光已然可见。

国外闪耀的《功夫传奇》，国内绽放的《立秋》和开心麻花作品，中国舞台演艺的黄金时刻越来越多，加上传统戏剧这个中国最大的文化 IP 不断复兴，以及不断成熟的商业加盟和市场开发，基于中国迅速壮大、多元多层的文化消费市场，我们也会有自己火爆的演艺产品，迈向舞台演艺的黄金时代。一个成功的演艺产品，不仅需要成熟的团队运作，还要有先进的传播媒介，更要有极具创意的产品内容。如果把演艺当作生意来做，我们需要突破可能不是创作或者演出某一个点，而是整个产业链的文化创意执行力。

演艺产业的一个个院团，一台台剧目，就像是围棋盘上的一枚枚棋子，要布成一个势，从全局的角度去思考，才有可能赢得棋局。实际上，在这方面中国演艺产业已经有所行动。比如中国原创的"演出院线"概念，就是把一个演艺产品通过联合采购和配送体系实现在不同地方的不同剧院进行演出。以"中演院线"为例，这条院线有 3 家直营剧院——广州大剧院、上海大宁剧院、甘肃大剧院，还有 33 家加盟剧院，遍布 15 个省市，一个春节期间的"新春演出季"就安排了 300 多场演出。院线的打造就是领军的演艺企业借助产业链，把更多、更好的资源布局到基层剧院，带动三、四、五线剧院发展的积极探索。

　　院线不管拉多长，核心仍在舞台，仍在产品。如何利用中国丰富的文化资源打造适合市场需求的产品？这依然是演艺产业需要深入探索的命题。结合当前已经成熟的一些演艺产品来看，秘籍在于两点：首先是把握市场需求，人心所向；其次是为制造产品组建优秀的人才团队，包括创作人才、演出人才、营销人才等。

　　演艺产品生产出来后就进入了消费环节，而在消费环节品牌又是非常关键的一环。一种是院团品牌，比如维也纳爱乐乐团、莫斯科大剧院芭蕾舞团以及开心麻花等；另一种是剧目品牌，比如《哈姆雷特》《罗密欧与朱丽叶》以及《丝路花雨》《立秋》等。中国演艺产业"走出去"，需要树立更多这样的品牌。然而，树立品牌没有捷径可走，需要"台下十年功"的坚持，需要长期、持久、卓有成效的奋斗。

　　一直以来，"票价贵"把中国绝大多数消费者关在了演出市场之外。如何把演出的票价降下来，让演艺产品真正走进普通老百姓的生活，让"看演出"成为中国人日常生活的一部分？这个问题的答案或许就是中国演艺产业文化体制改革的真正价值所在，也是中国演艺产业的未来追求。

　　演艺有着悠久的历史，几乎所有最高级、最凝练的产业高峰都集聚于此。从新石器时代欢庆丰收的载歌载舞到封建王朝的宫廷表演，再到近现代逐渐细分的音乐、歌舞、戏剧、戏曲、芭蕾、杂技、曲艺等各类型的演出，古今中外，舞台演艺的高水平发展都是一个民族复兴的重要标志之一。中国丰厚的传统文化底蕴为演艺产品的创作输入了源源不断的能量，而演艺产业繁荣发展的黄金时代又让传统优秀文化在传承中得到创新发展，为中华民族伟大复兴贡献更多力量。

第6章

版权掘金

美国在 1959 年专门发布了一个美国的版权产业报告，其中提到的"版权产业"主要指两个方面，即核心的版权产业和相关的版权产业。所谓核心的版权产业是指以文字、视频、音乐等作品为核心发展的产业，比如《狼图腾》，它脱离了文字内容就不存在，书就变成了一本纸，影视剧更是无从谈起。所谓相关的版权产业是指某个产业中的部分内容受到版权保护，比如地毯的花纹设计、服装的图案设计可以作为一件美术作品来保护。

中国的版权保护起步比较晚，1990 年才出台《著作权法》，而版权产业在国外已经发展了几百年。无论是现在的知识经济，还是以前的关税及贸易总协定、世界贸易组织，都有和贸易有关的知识产权协定，而《保护文学和艺术作品伯尔尼公约》早在 1887 年 12 月 5 日就正式生效，这些对于我们国家文化产业的发展都是一种约束。另一方面，我国在新的经济环境下，也开始注重依靠智力成果推动文化和社会的进步和发展，所以版权产业在我国虽然起步较晚，但发展较快。

国家版权局发布的《中国版权产业经济贡献调研报告》数据显示，2013 年至 2017 年，中国版权产业行业增加值从 42725.9 亿元增长到 60810.9 亿元，行业增速在整体上高于

GDP 增速。未来，中国版权产业有可能成为国民经济发展的支柱产业。

2021 年，《中华人民共和国民法典》和新修订的《中华人民共和国著作权法》等法律法规相继施行，为中国版权产业发展提供了制度保障。《知识产权强国建设纲要（2021—2035 年）》《"十四五"国家知识产权保护和运用规划》《版权工作"十四五"规划》等纲领性文件相继出台，为中国版权产业指明了发展方向。2010 年启动的"剑网"行动等持续打击网络侵权盗版活动，加强了网络版权保护，为版权产业发展提供了良好的环境。

版权关乎我们每个人，甚至关乎国家的政治和经济命运，我们期待着更多智慧的头脑和创作的精神，让我们看到"版权掘金"这一场大戏的精彩上演。

撬动数字版权金山

2020 年，中国网络版权产业市场规模达到 11847.3 亿元，用户付费收入达 5659.2 亿元，占比 47.7%；版权运营收入达 109.1 亿元，占比 0.9%；广告及其他收入达 6079.0 亿元，占比 51.3%。面对庞大的市场，该如何保护网络版权产业的健康发展？随着互联网技术日新月异，网络版权产业保护的形势不断变化,如何才能撬动这座版权金山?

从狭义上来说,网络版权产业归属于"核心的版权产业",主要是指通过网络技术和应用,以文字、视频、音乐等作品为核心发展起来的产业,包括网络文学、网络长视频、网络动漫、网络游戏、网络音乐、网络新闻、网络直播、网络短视频、VR 和 AR 内容。

基于网络的特殊属性,网络版权被侵犯的可能性要远大于传统版权。互联网技术让越来越多的作品为大众知悉,同时也让越来越多的作品遭受盗版的侵害。随着网络版权产业的迅猛发展,网络版权纠纷以及网络版权保护问题也日益凸显。

《"十四五"文化发展规划》明确提出,加强数字版权保护,推动数字版权发展和版权业态融合,鼓励有条件的机构和单位建设基于区块链技术的版权保护平台……提高版权保护工作法治化水平,加大对侵权盗版行为的执法监管和打击力度,持续开展"剑网"专项行动。

从免费获取、缺乏版权保护意识到知识付费、网络版权监管日见成效,中国网络版权产业走过了一条漫长且艰难的道路。在这条路上,矛盾最突出、监管治理效果较明显的当属数字音乐产业和网络文学产业。它们的发展变迁历程恰如中国数字版权掘金历程的一个缩影,为掘金者点亮了一盏指路明灯。

一张 CD 的历史变迁

一家隐藏在闹市中、开了 30 多年的音像店内，不足 20 平方米的空间被木质货架包围，货架上整齐地摆放着一张张极具年代感的唱片、影碟……它们身上或多或少沾上了一些灰尘，悄悄诉说着被人遗忘的时光，也承载着 30 年前中国音像产业繁荣的印迹。

1990 年播出的电视连续剧《渴望》创造了万人空巷的时代记忆，同名主题曲更是火遍大江南北。当年这首歌的唱片在一个星期内就热销 800 多万元。对于当时的音像公司来说，真可谓是"数钱数到手抽筋"。但是，这样的辉煌记忆一去不复返了。随着互联网等新技术的应用，消费者可以免费从网上下载歌曲，传统的卡带和 CD 似乎已经成了明日黄花。中国唱片行业的市场规模从 2003 年 1.6 亿美元下跌到 2007 年的 0.6 亿美元。唱片公司从最鼎盛时期的几百家，渐渐萎缩到几十家，而生存下来的 95% 的唱片公司都在亏损。

海蝶集团是一个在华语流行乐坛享有盛誉的知名品牌，成功推出过阿杜、林俊杰、许嵩等多位知名音乐人，制作过《江南》《天黑》等多张经典流行唱片及歌曲。海蝶集团 CEO 兼董事长卢建曾经在接受采访时认为，中国音像产业的兴衰是"没有知识产权保护会杀死一个产业最好的例子"。2002 年，海蝶推出的阿杜的第一张专辑就卖了 160 万张，次年推出的林俊杰的《江南》也卖了 160 万张，但是十年之后，他们再推阿杜和林俊杰的专辑，只卖了几万张。卢建表示，过去的十年里，各种数字渠道方利用音乐产品享受着井喷一般的创造财富的快乐，但是辛勤的音乐耕作者正在萎缩、死亡。

卢建提到的十年，正是在线音乐野蛮生长、群雄逐鹿的时代。千千静听、酷狗音乐、QQ 音乐、酷我音乐、虾米音乐、网易云音乐纷纷成立并提供服务。这一时期，无论是传播者还是使用者，音乐版权意识都非常薄弱，通过网络免费下载的盗版音乐横行。很多年轻人已经习惯从网络上下载歌曲，戴上耳机，一个 MP3 就可以听遍全世界，很多没有受到版权保护的音乐作品就这样免费进入到他们的耳朵，而整个音乐产业却受到了前所未有的重创，从创作者、演唱者到制作者、发行者，均陷入了生存危机。

2010 年，打击网络侵权盗版的"剑网"专项行动在全国启动，关停了一大批盗版音乐平台，也启动了网络平台音乐版权正版化的进程，激起了整个行业的音乐版权意识。2011 年，一封公开信爆出了音乐版权遭受侵害的问题。高晓松、张亚东等知名音乐人在这封公开信中控诉："互联网盗版音乐占据了几乎 100% 的市场，我们失去了依靠音乐版权收入再生产音乐的最后阵地。行业凋敝，人才流失，梦想破灭，尊严全无。"

与此同时，《2012 数字音乐报告》指出，中国数字音乐的比重为 71%，盗版率为 99%，主要来自网盘和非法下载网站。

一石激起千层浪，数字音乐版权由此掀开面纱，引起全面重视。前新浪音乐负责人、律师出身的谢国民首先嗅到了数字音乐版权背后的商机，于 2012 年创办海洋音乐集团，并且低价签下 20 多家唱片公司的独家授权，与近 100 家唱片公司达成版权合作，拥有正版歌曲数量近 2000 万首。2014 年 4 月，海洋音乐与酷狗音乐、酷我音乐合并为中国音乐集团，成为在线音乐市场一股不容小觑的力量。与此同时，百度 MP3、千千静听重组，合并为"百度音乐"，2018 年 6 月变身为"千千音乐"；阿里巴巴收购的虾米音乐、天天动听合并，组建阿里音乐集团。这是一个群雄逐鹿的年代，这是一个烽烟四起的战场，各个音乐平台都为了抢占用户而使出浑身解数，却忽视了音乐版权问题，这也为日后的版权竞争埋下了巨大的隐患。

2015 年，国家版权局发布《关于责令网络音乐服务商停止未经授权传播音乐作品的通知》，被誉为史上最严厉的打击网络盗版音乐的行动。仅 2 个月时间，各大在线音乐平台下架的音乐作品就达 220 余万首，其中仅百度音乐、多米和一听音乐三家平台下架的音乐作品总数就高达 160 多万首。从此，中国音乐产业正式进入版权时代。版权成为在线音乐平台获得竞争力的杀手锏，没有版权优势的音乐平台在市场竞争中渐落下风，一场新的整合、倒闭浪潮袭来。

2016 年，QQ 音乐背靠腾讯的财力和流量，收购了当时拥有音乐版权数量高达 2000 万的中国音乐集团，合并成立了腾讯音乐娱乐集团。2017 年，腾讯音乐与华纳、索尼、环球三大国际唱片公司及杰威尔、相信音乐、英皇娱乐等知名版权公司签订独家版权协议，腾讯音乐以外的在线音乐平台再想获取这些版权，就只能通过腾讯音乐转授权，音乐版权费也由此水涨船高。2018 年 12 月 12 日，腾讯音乐在纽交所成功上市交易，当日收盘价 14 美元 / 股，市值高达 228 亿美元。

在版权上失去先天优势的阿里音乐，虽然整合了虾米音乐、阿里星球（原天天动听）两大在线音乐平台的市场份额，在市场竞争中仍然略显吃力。即使有高晓松和恒大音乐董事长宋柯以及何炅的加盟，也难以一转颓势。2016 年 12 月 13 日，阿里星球宣布全面停止音乐服务。虾米音乐独自前行，走得很艰难。2018 年 10 月，因为和腾讯音乐的转授权合作到期未能续约，虾米音乐不得不大规模下架无版权的音乐作品，其中不仅涉及索尼、华纳等知名唱片公司的音乐作品，还包括周杰伦的所有音乐作品。即使是虾米音乐凭借"寻光计划"早早布局的独立音乐人阵地，也被腾讯音乐、网易云音乐两大平台不断蚕食，使得虾米音乐逐渐难以为继。2021 年 2 月 5 日，虾米音乐播放器业务正式停止服务。虾米音乐就关停给出的解释是：由于在发展过程中错失了一些关键机会，导致在音乐版权内容的获取上没能很好地满足用户多元化的音乐需求，只能很遗憾地和用户说"再见"。

虾米音乐说"再见"之后，在线音乐新的市场格局逐渐明朗，腾讯音乐和网易云音乐以"一超一强"的姿态牢牢占据第一梯队。在腾讯音乐绝对的版权优势之下，网易云音乐凭借社交元素、音乐交友功能、爆款单曲等特色运营方式抢占市场，逐步积累了一大批忠实用户，与腾讯音乐形成差异化竞争格局。各自安好的表象之下，双方在音乐版权上却是龙争虎斗，甚至一度诉诸公堂，积怨日深。2018年，国家版权局发文令腾讯音乐与网易云音乐"相互授权音乐作品，达到各自独家音乐作品数量的99%以上"，然而，保留的1%却成为两家版权之战的导火索。2018年3月，周杰伦音乐版权在网易云音乐的授权到期，却未及时下架，双方对簿公堂，最终以网易云音乐赔偿腾讯音乐85万元结束。网易云音乐也因此流失了大量忠实的核心用户。

1%独家版权的优势为腾讯音乐带来的效益远不止于此。腾讯音乐的财报显示，腾讯音乐早已实现净利润的增长，在2019年、2020年，腾讯音乐的总营业收入分别为254.34亿元和291.53亿元，净利润分别为39.82亿元和41.55亿元。反观网易云音乐，2019年和2020年的总营业收入分别为23.18亿元和 48.96 亿元，净利润却亏损了 20.16 亿元和 29.51 亿元，尚未实现赢利。在市场占有率上，腾讯音乐也以 70% 以上的份额碾压网易云音乐 20% 的份额。独家版权的优势至此到达巅峰。

转折发生在 2021 年 7 月底，腾讯音乐被国家市场监管总局责令限期解除网络音乐独家版权。8 月 31 日，腾讯发布声明称，截至 8 月 23 日已针对已达成的独家协议全部上游版权方发送相关函件，告知其需按期解约，其中，绝大部分独家协议已按期解约。独家版权之争到此画上句号，数字音乐版权之争的格局悄然发生变化。

网易云音乐迅速跑马圈地，仅一年时间，版权音乐内容库就从 6000 万首提升到了 8000 万首，同时获得华纳音乐集团、摩登天空、英皇娱乐集团、中国唱片集团、风华秋实及乐华娱乐等公司音乐作品版权的授权。与此同时，网易云音乐在独立音乐人领域的布局业已形成优势。2020 年，网易云音乐签约的独立音乐人万能青年旅店发行的第二张专辑《冀西南林路行》，上线 1 日销售总量即突破 30 万张，并很快打破国内独立音乐市场数字专辑销量纪录。上线一周后，该专辑销量超过 41 万张，销售额超过 895 万元，在独立音乐数字专辑领域再现了 30 年前唱片时代的胜景。截至 2021 年年底，网易云音乐有超 40 万名独立音乐人，内容库中有 190 万首歌来自独立音乐人。这样的数字在"后独立版权时代"足以让其他在线音乐平台艳羡。

除了网易云音乐外，重视音乐版权这一金矿的抖音、快手等短视频平台也已经拍马而至。面对唱片音乐版权高昂的费用，他们仍显力不从心，转而将目光聚焦在独立音乐人方面。抖音在 2022 年 2 月 17 日升级音乐人服务平台为"炙热星河"，为音乐人提供一站式服务，志在抢夺音乐人资源。快手则在 2021 年 9 月、2022 年 1 月和 2 月，分别与华纳音乐、TuneCore 以及版权管理平台 AMRA 达成授权协议。

在网易云音乐和短视频平台的夹击之下，失去独家版权优势的腾讯音乐则背靠腾讯集团，在泛音乐类的资源整合与全产业链布局方向重点发力。2022 年 5 月 20 日，腾讯音乐旗下全景音乐现场演出品牌 TME live 推出了周杰伦"地表最强魔天伦"重映演唱会，QQ 音乐、酷狗音乐、酷我音乐、全民 K 歌以及微信视频号全网播出，创造了在线演唱会的最高观看纪录。这只是腾讯音乐通过资源整合进行业务拓展、品牌升级迈出的一小步。

放开独家版权之后，在线音乐平台的版权掘金之路又将走向何方，暂无定论。从整体来看，中国数字音乐市场仍然处于上升期。2013 年，中国数字音乐市场规模为 400 亿元，这个数字到 2021 年翻了一番，达到 871 亿元。从 2016 年到

2019 年的 3 年间，用户意愿的付费金额水平有明显提升，从 2016 年的平均每月 16.3 元提升到了 2019 年的平均每月 31.7 元，涨幅接近 2 倍之多。

回顾过往，从唱片时代到数字化时代变革的同时，盗版也十分猖獗，畸形的"免费下载"模式极大冲击了正版音乐的生存和发展。随着互联网的迅速普及和数字技术的广泛应用，音乐产业在正版化、数字化的道路上做出了不懈努力，版权市场逐渐形成，音乐消费生态进入快速发展期。

2022 年 1 月 6 日，国家版权局约谈主要的唱片公司、词曲版权公司和数字音乐平台等，提出应通过"保底金 + 实际使用量分成"模式结算，除特殊情况外不得签署独家版权协议；数字音乐产业各方要协力维护数字音乐版权秩序，构建数字音乐版权良好生态。

除了政策上的保障外，科技的发展也为数字音乐版权掘金提供了强有力的支撑。NFT[①]的崛起在数字音乐领域也掀起了狂潮，NFT 数字专辑或音乐作品正在成为数字音乐版权掘金的新战场。比如 2021 年 6 月 29 日，香港金牌音乐人林健华

---

① NFT，全称为 Non-Fungible Token，指非同质化通证，实质是区块链网络里具有唯一性特点的可信数字权益凭证，是一种可在区块链上记录和处理多维、复杂属性的数据对象。

（Joanus Lam）的单曲 DEMO 音乐 NFT 在 Openlake NFT 平台以 520 以太币成交（约 120 万美元），创造了全球音乐单曲 NFT 最高成交纪录，也是中国在线音乐产业的全新里程碑。

数字音乐版权的掘金之战，硝烟再起。

"码"出来的金山

这是一座由一个个文字"码"出来的金山。2021 年，中国网络文学产业规模达到 358 亿元，同比增长 24.1%，用户规模 5.02 亿，占整体网民的 48.6%，同比增长 9.1%。网络文学的 IP 全版权运营带动了游戏、影视、动漫、音乐、音频等合计约 3037 亿元的市场。

网络文学，一般是指在互联网上进行的文学创作，是以文字版权为核心的作品形式。中国网络文学的萌芽源自一些文学爱好者在网络论坛、贴吧免费发表自己的作品，尚未形成气候，也没有"网络文学"的概念。2002 年前后，以起点中文网为代表的专业文学网站成立，推动中国网络文学发展进入"快车道"。当时的网络文学依然是免费消费的产品，作者的收益基本来自线下实体书的出版稿酬，网站也缺乏有效的赢利模式，大多依靠微薄的广告收益勉强维持。2003 年 10 月，起点中文网正式运行 VIP 制度，开启网络文学的"付费阅读"时代。一年后，起点中文网的注册会员突破 100 万人，月均赢利超过 10 万元，作者规模也达到 2 万人以上。付费阅读模式的探索让起点中文网在一众免费文学网站中杀出一条血路，也为中国网络文学产业开辟了一条变现之路。与此同时，付费阅读也带来了日后将成为中国网络文学产业"毒瘤"的一个问题：盗版。免费和付费、盗版和正版、盗版者和作者之间的矛盾由此点燃，并将持续存在。

网络文学的金矿已然发出光芒，各路诸侯燃起烽烟，瓜分大战一触即发。2004 年 10 月，盛大网络收购起点中文网，随后又将晋江原创网、红袖添香两大网站收入囊中，整合成立"盛大文学"，凭借 72% 的市场份额称霸江湖。之后，盛大文学又陆续收购了榕树下、潇湘书院、小说阅读网、天方听书网、阅读网等文学网站，同时通过收购华文天下、中智博文等图书策划出版公司完成实体出版的布局。彼时的盛大文学虽然风头无两，江湖也并不平静。2006 年 5 月，定位为数字出版的中文在线宣布成立 17k 小说网，全面进军原创网络文学领域，挖走了起点中文网的众多"大神"作者。两年后，纵横中文网横空出世，仅用一年半时间就杀入中国网络文学网站前五强，5 年后被百度收购，与 91 熊猫看书、百度书城等整合成立百度文学。2015 年的网络文学江湖可谓风云诡谲。3 月，腾讯文学与原盛大文学整合，阅文集团正式成立，霸主易位；4 月，阿里巴巴宣布成立阿里文学，布局网络文学市场，之后随着"阿里巴巴大文娱版块"的成立，作为其专业纵队之一的阿里文学实力迅速壮大。几乎和阿里文学同步，掌阅科技宣布掌阅文学成立，旗下有掌阅文化、书山中文网、红薯网、趣阅科技、有乐中文网、速更小说、魔情阅读等多个平台，实力同样不容小觑。自此，中国网络文学市场"一超多强"的格局形成，阅文集团一家独大，17k 小说网、百度文学、阿里文学、掌阅文学则在各自的细分市场精彩绽放。

和网络文学这座金山同步成长起来的是盗版产业。盗版的猖獗不仅极大地挫伤了广大网络作者的创作热情，更成为中国网络文学产业通过内容实现赢利的最大障碍。在大量免费的盗版内容的挤压下，付费阅读艰难跋涉，免费阅读悄然回归。2018 年，在番茄小说、读小说、连尚文学等免费模式的网络文学平台的冲击下，阅文集团也推出了免费阅读产品——飞读 App，还通过腾讯在手机 QQ 和 QQ 浏览器中开设了免费阅读频道。相较于依赖内容获得收入的付费阅读模式，免费阅读模式的主要赢利来源为广告收入，而广告收入又依赖于流量变现。

内容与流量，付费与免费，自此共存于江湖，中国网络文学产业的商业模式也迎来新的发展契机。2015 年年初，国家新闻出版广电总局印发了《关于推动网络文学健康发展的指导意见》，明确指出推动内容投送平台建设和大力培育市场主体，鼓励企业充分利用互联网、移动互联网，以图文、音频、视频等不同形式，对优秀原创网络文学进行全方位、多终端化开发利用及传播，实现一次开发生产，多种载体发布。网络文学的战争由此从流量之争转变为版权运营之争。

版权运营主要是指对拥有较大流量的网络文学 IP 的改编，实现纸质图书、漫画、动漫、影视、网络游戏的全版权运营，全面释放单个 IP 的版权价值。在免费模式再次兴起的背景下，IP 全版权运营成为网络文学平台抢占市场、提高收入的杀手锏。

阅文集团发布的业绩报告显示，2019 年，公司版权运营收入达 44.23 亿元，当年版权运营收入超过在线阅读业务收入，成为公司第一大收入来源。阅文集团在版权运营领域最成功的案例当属头部网络作家唐家三少发表的《斗罗大陆》。这部发表于 2008 年的网络小说，已经改编成游戏、漫画、动画、电视剧等多个作品。据阅文集团总裁侯晓楠公开披露，《斗罗大陆》改编的游戏流水在 2022 年已经过百亿元，彰显着网络文学版权掘金的魔力。这场掘金之旅的起点虽然在阅文集团，跑起来之后的 IP 生态链开发却是腾讯系的全面发力。《斗罗大陆》改编的漫画在腾讯动漫上线，同名动画和电视剧在腾讯视频播出，改编的游戏则由腾讯游戏发行。正是在腾讯系各大平台的助推下，《斗罗大陆》才能创造持续 14 年热度不减的神话。

截至 2021 年，《斗罗大陆》动画总播放量已达 284.6 亿，《斗罗大陆》电视剧上线不到一年播放量超过 50 亿。网络文学版权掘金才刚刚露出冰山一角。

金山之下，暗流涌动。网络文学的掘金者中有唐家三少这种凭借版权运营实现财富增值的正规军，更有以盗版为生的乱采乱挖者。

中国版权协会发布的《2021 年中国网络文学版权保护与发展报告》披露，2021 年中国网络文学盗版损失规模达 62 亿元，同比上升 2.8%，保守估计盗版侵占了网络文学产业 17.3% 的市场份额。截至 2021 年 12 月，盗版平台整体月度活跃用户量为 4371 万，占在线阅读用户量的 14.1%，月度人均启动次数约 50 次。多数网络文学平台每年超过 80% 的作品会被盗版，其中头部平台每年被盗版的作品数量达 3000 部以上；整体来看，高达 82.6% 的网络文学作者深受盗版侵权。以阅文集团为例，仅 2021 年就有 6 万名作者受到盗版侵权，万部作品因为盗版不得不断更。侵权并未止步于此。随着 IP 全版权开发的覆盖，以及短视频平台的迅猛发展，网络文学 IP 改编的漫画、动漫、电视剧、电影、网络游戏等均遭受不同程度的侵权。盗版不再是作者和盗版者、正版和盗版之间的冲突，更成为整个网络文学产业生态的破坏者。

版权治理已是箭在弦上。《关于推动网络文学健康发展的指导意见》明确提出，健全法律法规，加强日常监管，持续打击网络文学作品侵权盗版行为，保障著作权人合法权益，构建网络文学版权保护的长效机制。2016 年 11 月，国家版权局印发《关于加强网络文学作品版权管理的通知》，进一步明确了通过信息网络提供文学作品以及提供相关网络服务的网络服务商在版权管理方面的责任义务，细化了著作权法律法规的相关规定。2010 年启动的"剑网"行动更是为网络文学产业持续打击盗版提供了强有力的保障。与此同时，网络文学产业在加强行业自律、凝聚版权保护共识等方面也迈出了坚实的步伐。2022 年 5 月，由 522 名网络作家联合发起，20 地省级网络作协、12 家网络文学平台提供支持，首个网络文学盗版举报公示平台"全民反盗版联盟"上线，旨在调动全行业力量，对搜索引擎、应用市场、浏览器等重点侵权渠道进行集中举报，通过全民监督推动版权保护，切断盗版传播渠道。

网络文学作为文化产业的一块崭新拼图，经过二十多年的发展、变迁，从免费阅读到收费阅读再到"免费阅读 +IP 全版权运营"，凝聚了网络文学版权的光彩，书写了一个又一个版权掘金的代表作。追光溯影，鉴往知今。创意、原创永远是版权掘金最亮眼的底色，新的充满生命力的 IP 随时都在诞生，让人充满期待。这是网络文学版权掘金的魅力所在，也是未来所在。

"轻纺之都"的蝶变

实用艺术作品通常是指为实用而创作或创作后在实践中应用的艺术作品，除具有一般美术作品的艺术性外，还具有实用性，能在工商业中应用，从而形成工业知识产权，比如专利、商标、核心技术、原创设计等。这些无形资产都是企业资产的重要组成部分，是一座可以创造更大财富的金矿。

据江海之会，扼南北之喉，位于长江入海口北岸的江苏南通，沿海沿江，区位优势十分优越。南通是国内重要的产棉区，早在19世纪末，纺织工业就在这里生根，经过一百多年的发展，纺织产业已经成为南通的支柱产业。2021年，南通市共有规模以上纺织企业1000余家，从业人员超65万人，各类企业和工商户约8.5万户。作为分支的南通家纺业更是享誉世界，培育了一批百亿规模的龙头企业。2021年，仅叠石桥和志浩两大家纺市场成交额就超过2300亿元。

20世纪末一个小小的印花布集市，怎样用十余年的时间发展成世界知名的家纺市场？纺织业不光是丝绸、棉布的载体，更通过添加花色、图案等艺术设计让纺织面料更加美观、实用。南通家纺产业跨越式发展的背后，是整个家纺版权治理服务体系的持续升级蜕变。

从盗版翻版猖獗、矛盾丛生，到规范管理、有效保护、高效运用，这条路南通市不仅走得快，还走得稳，走得精彩。2008 年，南通家纺市场"世界知识产权组织版权创意金奖"成为全球创新试点。截至 2021 年，南通家纺市场每年推出新花型超 12 万个，累计登记花型 43 万余个，每年画稿版权交易额达 10 亿元。

"版权就是生命"，南通家纺市场真正将这句话吃透，再变成资产，诠释了"版权创造财富"的真正含义。南通家纺市场的蝶变之路为全国乃至全球版权保护促进区域特色经济发展提供了宝贵经验和成功范式。

一朵花引发的纠纷

"随便拍，没事！"南通家纺市场中的商家非但不"禁止拍照"，还把"四件套"的高清大图发到网上，这样的事放在二十多年前是绝对不可能发生的。彼时的南通家纺市场初见规模，花型侵权盗版、抄袭翻版却很猖狂，正版和盗版之争甚至到了你死我活的地步。

南通市嘉宇斯纺织集团的创始人虞金锁回想起二十多年前的场景，仍心有余悸。"当时的盗版、翻版很猖狂的。"嘉宇斯装载着新版面料的货车经常被七八十个人围住看花型，看中之后撕一块布就跑掉了，而摆在橱窗里的花型更是经常遭遇"跑进来拿到就走"的命运。更令人哭笑不得的是，盗版者理直气壮地抢生意，甚至"打上门来"，要求自己不卖完，其他人都不许卖。在这样的环境下，嘉宇斯龃龉前行。危急存亡之秋，虞金锁不得不将公司的设计研发中心搬到广东，从广东赚钱来养活南通的店面。2002年，虞金锁又将设计研发中心搬回南通，而这一次他们却因为花型版权得到有效保护获利颇丰。现在的嘉宇斯已经成为南通家纺市场的龙头企业，每年产值达到五六亿元，自主设计的花型走向了国际市场。

嘉宇斯的遭遇只是南通家纺市场版权侵权乱象的一个缩影。1996年，南通家纺市场发生了一件极具代表性的版权纠纷。当时，中国台湾的一家公司带着100多个自主设计的花型进入南通家纺市场，很快就被盗版、翻版，引发版权纠纷，也将"著作权"的概念正式引入南通家纺市场，点燃了印花布花型版权保护的火苗。对这起版权纠纷的处理，也成为南通家纺市场引入版权保护机制的重要开端。

1997年，在南通市政府的支持下，通州市川港镇成立了全国第一家村级版权管理机构——"通州市志浩市场版权管理办公室"（现为通州区川姜镇知识产权管理办公室）。版权管理办公室就设在家纺市场里，24小时受理投诉举报，大多数在1小时内完成取证，最长不超过24小时，一般半月内结案。在版权管理办公室的引导下，家纺市场的各家企业也开始尝试做版权登记，并拿起法律武器保护自己的权益。与此同时，他们开始通过对创意的投资来培育版权，再利用版权创造更大的财富。

版权管理办公室成立后，金太阳纺织科技首先窥见商机。他们和浙江丝绸工学院合作研发设计了一批新的花型，并做了版权登记。这批新花型推出之后很快畅销，在版权保护机制之下，给公司创造了非常好的业绩。当时销量最好的花型曾经卖出 300 多万米，单花利润达到六七百万元。花型的版权转让也成为一笔生意，当时的最高纪录在 6.8 万元，这笔钱在版权保护机制启动之前是他们想都不敢想的。金太阳也以此为契机，很快成长为南通家纺市场的龙头企业，在国内和国际家纺行业享有较高的知名度和美誉度。

有人欢喜有人忧。对于那些特别擅长模仿，或者说沉迷于模仿的经营户来说，版权保护机制的建立犹如枷锁。随着南通家纺市场版权管理的力度不断加大，不少靠着盗版、翻版生存的企业付出了惨痛的代价，遭到了行政处罚。这些企业因此离开了南通家纺市场，转移到江苏省外一些没有版权管理机制的市场寻求发展之路。当时一百多家经营户里大概有三四十家离开，这就导致版权管理部门背负着很重的包袱。如果版权管理把一个市场管死了，把一个产业管死了，那就是适得其反。但是，他们很快就看到了希望，因为离开的这些经营户几乎无一例外地在一年左右的时间，又纷纷地回到了南通家纺市场。

其中最主要的原因就是南通家纺市场在版权管理机制的引导下，逐渐从无序变得有序，呈现出良好的发展势头。

2009 年，江苏南通家纺市场成交额高达 320 亿元人民币，家纺企业产值达 550 多亿元。版权管理机制赋予南通家纺市场新的、健康的发展活力，成为南通家纺产业迅猛起飞的重要杠杆。只有当企业从版权当中获得财富，他们才能认识到版权是企业资产中非常重要的一部分，才能主动提升自己的自主创新能力，形成并拥有自主知识产权。自主知识产权又将提升他们的品牌价值，推动整个市场稳定地向上增长，创造更大的财富。

南通家纺市场的版权管理机制充分说明了，版权的保护能够带来一种良性循环。有人开始创新、拥有自己的版权产品，就能够获得独特的竞争优势，进而抢占更大的市场份额，获得更多的利润，接着再度投资于创造与创新，形成一种良性发展循环。

一朵花引发的纠纷改写了一个产业的发展轨迹，版权管理机制带来的利好逐渐释放，一个千亿级的家纺市场蓄势待发。

"南通经验"长出创新之果

一年一度的"双 11"即将开战，南通（家纺）知识产权快速维权中心却收到了多起侵权投诉。被侵权者在确认版权受到侵害后，会委托律师、公证部门取证，然后带着证据和版权证书来这里开具侵权认定，同时向法院提起诉讼，快速维权中心再联合法院发起线上投诉，不到 3 天时间，各大电商平台的侵权产品链接就会纷纷下架。这是南通家纺产业版权维护的效率，也是其工作日常。

南通家纺产业版权管理"民事调解、行政管理、司法介入"三位一体的机制，建立了保护模式、市场信息、证据采信、调解机制、保护措施各环节无缝衔接、快速处理的流程体系，形成了宝贵的"南通经验"。

世界知识产权组织创意产业司司长迪米特·甘特雪夫在接受采访时提道："经过实地考察，世界知识产权组织认为，南通促进产业发展的经验和做法，对于世界其他国家推动其他产业的发展具有借鉴意义。作为优秀案例示范点，其成功经验值得向其他国家推介。这是世界知识产权组织首次在一个国家特定地区和行业进行专项调研，旨在总结保护知识产权的经验和做法，并向发展中国家介绍和推广。"此次专项调研形成的《南通家纺市场版权保护情况调研报告》于 2010 年 2 月向全世界发布。该报告将"南通经验"的形成归因于四个方面：一是中国家纺产业工艺和技术水平的显著提高；二是知识产权制度的成功引入和全面落地；三是版权保护机制为南通家纺产业由货物贸易和服务贸易向知识产权贸易转型创造了条件；四是版权保护机制的建立与完善立足于实际，和当地家纺产业发展形态深度融合，以业界需要为出发点和落脚点。

"南通经验"的形成或许有一定的历史和地域原因，但其版权管理和保护机制对于其他产业有很强的借鉴意义。中国作为一个制造业大国，做好企业的知识产权管理和保护，是推动经济创新发展的首要任务。2019 年 11 月，中共中央办公厅、国务院办公厅印发《关于强化知识产权保护的意见》，明确提出牢固树立保护知识产权就是保护创新的理念，综合运用法律、行政、经济、技术、社会治理手段强化保护，促进保护能力和水平整体提升。

有了国家层面的政策指引，还需要有落地的行动指南。我们把视线落在"南通经验"形成的过程中，会发现他们有一些关键动作值得其他产业在执行版权管理和保护机制时参考。

虽然版权保护的法律法规在不断完善，但是南通家纺市场的版权管理办公室在处理版权纠纷时，始终坚持"民事调解优先"的原则。很多侵权范围较小的版权纠纷，诉诸公堂反而会让事情变得复杂，而且权利方和侵权方都需要投入大量的时间、精力去打官司，这会造成更大的损失。对于企业来说，能够快速处理、停止侵权、及时止损，才是他们维权的首要目的。尤其是在互联网时代，侵权产品在线上上架销售给企业造成的损失要远远高于、快于线下销售。因此，通过民事调解快速处理侵权问题，停止侵权信息传播，打击利用版权诉讼进行投机性牟利等行为，才是产业知识产权保护应该重点推进的工作。

经过十多年的摸索，南通家纺市场版权管理办公室在调解版权纠纷方面不仅积累了宝贵的经验，更从市场内拓展到了线上。以南通（家纺）知识产权快速维权中心为例，传统流程需要几个月甚至几年时间处理的版权纠纷，在该中心已经实现线上维权 3 天处理结案，线下维权 15 分钟到场取证、一周内处理结案。为了保证民事调解的效果和效率，南通家纺市场版权管理办公室不仅与司法部门确立了对接关系，明确了证据采集、保障手段、信息互补、司法支撑、调判结合等方面的衔接方式，还与各大电商平台加强合作，建立维权调解沟通渠道。2022 年，南通家纺市场版权管理办公室携手温州、绍兴柯桥、海宁等地的家纺家居知识产权保护部门，签订长三角纺织产业知识产权快速协同保护合作协议，实现纺织产业知识产权侵权纠纷跨区域协同处理。

民事调解无法解决的版权纠纷就需要诉诸法律。随着"通州市志浩市场版权管理办公室"的成立，家纺市场对花型设计知识产权保护的需求逐渐引起南通市中级人民法院的关注，专门成立了知识产权审判庭，并逐步介入家纺市场的版权司法保护工作。2007 年 10 月，通州法院取得了部分知识产权案件的一审管辖权，家纺知识产权司法机构离市场需求更近一步。在处理版权纠纷案件的过程中，南通市中级人民法院发现，在家纺市场经常出现的花型作品侵权案件中，企业急切希望获得更加高效、快捷的保护和处理，因为花型设计更新非常快，生命周期很短，有时官司还没打完花型就已经过时了。为此，南通市中级人民法院整合资源，在两大家纺市场特设知识产权巡回法庭，把立案和审理搬到市场一线，就地处理那些民事调解无果的版权纠纷案件。此外，南通市中级人民法院不断梳理知识产权审判工作经验，探索家纺花型等作品知识产权司法保护的新动作，在为家纺企业提供版权保护的同时，尽量保障其经济效益。

维权、处罚只是手段，并不是目的，版权管理与保护的最终目的是让企业重视版权，并通过版权实现财富创造。在这方面，"南通经验"通过开展版权登记、版权宣传普及教育、推动版权交易等，以版权撬动家纺产业发展。从 2008 年起，南通每年举办一次家纺画稿交易会，至 2021 已成功举办 14 届，邀请 1700 余家国内外知名画稿设计单位参展，展出画稿约 34 万幅，成交画稿约 5 万幅，成交额近 1 亿元。画稿交易会的举办使花型作品知识产权越来越深入人心，越来越多的家纺企业开始加大对创新研发的投入，全国约 70% 的家纺企业所用的画稿源自南通。南通家纺市场的版权管理与保护机制犹如肥沃的土壤，创新研发迅速生根、发芽，长出累累硕果。南通家纺市场从一个"卖四件套"的乡镇市场升级为"卖创新""卖画稿"的家纺版权交易中心。而南通家纺产业的起飞也带动了家纺产业链上其他企业的发展，解决了大量的就业问题，推动和促进当地区域经济全面发展。

"南通经验"只是家纺产业版权管理与保护的一个缩影，是版权产业的一个小分支，然而"一叶知秋"，从中我们似乎已经看见各个产业版权管理与保护背后隐藏的金矿。随着"南通经验"的推广，浙江省绍兴市的中国轻纺城，广东省中山市的灯具市场，江苏省内的苏州市和连云港市也分别在苏州刺绣市场和东海水晶市场建立了类似的版权管理和保护机制。工业知识产权掘金已在路上，未来可期。

第 7 章

筹钱的水平，用钱的本领

中国的文化产业和企业在很长一段时间内都与资本、金钱"关系平平"，以至于产业中的企业很少有赚大钱和使用巨额资金的经验和传奇。行业内占主流的舆论往往是作品、精品的流行和好评。然而随着改革开放的全面深入，人民生活水平的提升，对文化产品的需求高速增长，尤其是文化产业被确立为支柱产业后，文化产品的生产制造进入爆发增长期，文化产业和企业"用大钱"与"赚大钱"的火红时代开启。于是活跃的中国资本市场里出现了越来越多文化产业和企业的身影，筹钱的水平和用钱的本领是它们最核心的考题。生涩或优秀，甚至趔趄摔跤等各种姿势杂糅在一起，鲜活的资本案例也频频被生产和演绎出来，这刚好给了我们一个深度观察、分析文化产业运作实力的角度。

以传媒产业为例，过去十年间，传媒产业总规模稳步增长。根据最新发布的《中国传媒产业发展报告》，2013—2021年，传媒产业总规模从 10637.4 亿元增长至 29710.3 亿元，最高年化增长率达 18.76%。具体来看，传媒产业可细分为互联网传媒、广告、游戏、出版、电影、影视、广电等，不同领域都有表现较为突出的独角兽企业，但通过资本运作，也诞生了一些横跨各细分赛道的"传媒巨头"。资本运作是指利用资本市场，通过买卖（经营）企业、资产或者其他各种形式的证券、票据，进而赚钱的经营活动。企业的合并、收购、资产重组都是常见的资本运作方式。

一叶知秋，在众多乘着资本市场红利迅猛发展的传媒影视公司中，笔者认为有两家非常值得关注——华谊兄弟传媒股份有限公司（"华谊兄弟"）和北京光线传媒股份有限公司（"光线传媒"）。两者都是影视界的翘楚，行业的领军者。选择这两个公司作为关注对象的原因有三：一是二者都是上市已久的公司，信息披露较完善，对于资本运作的过程可还原、可追溯；二是二者目前均运转平稳，可以提供后续财务数据进行资本运作绩效分析；三是同为通过电影业务起家的传媒公司，二者的资本运作过程具有一定的代表性和实际意义。尽管二者都是乘风破浪的传媒影视巨头企业，但因为历史和自我的选择，在发展路径上分道扬镳，不过也正是因为如此，才留给我们比较分析的素材。

华谊兄弟追梦好莱坞之路

易凯资本的创始人王冉曾与王中军交流过这么一句话："如果你知道一颗星星早晚要掉下来，不如趁这颗星星还在上面的时候，用它的光亮发现下一颗星星，你要培养新的增长点、产业链。"回顾这段话，或许在当时的语境中，这颗星星指的是某位颇具影响力的巨星或导演，但放眼华谊兄弟上市后的资本市场运作之旅，这个比喻无疑也是极其契合的。

华谊兄弟依托上市公司的优势，力图打造影视、游戏、文学等协同发展的泛娱乐模式布局，在延伸产业链的同时做强基础的影视产业链，增强华谊兄弟的竞争力。这也体现了影视行业的发展形式，即通过扩展上下游业务获得竞争优势，利用 IP 资源变现。

然而，抛开纯粹的 IP 资源变现目的，这种近乎浮在表面上的"利益输送"无疑也给华谊兄弟的资本运作带来巨大的道义谴责。天下没有免费的午餐，影视公司资本运作背后的巨额商誉和难以达到的业绩承诺带来了巨大压力。同时，这样的花钱方式还造成了传媒业上市公司在资本市场的负面影响，效仿者跃跃欲试，监管者提心吊胆，反而提高了全行业绑定 IP 的机会成本。

这也显示出文化传媒行业资本运作的青涩和不成熟，相比其他行业来说，出牌冲劲有余但对规律规则尊重不足。在传统制造业、消费业、医疗等备受资本市场青睐的行业，"人"的因素往往被淡化，企业家价值、管理者才能以及技术人员的核心专业，都淹没在上市公司背后的市值之中，"人"作为一种资产，其定价模型永远是最难最复杂的。就连高科技人才和自带资源的顶流，对于产业来说也是无法简单量化的资本。华谊兄弟的运作路径突破了"大众审美"，让资本以一种简便清晰的路径与"人"的价值无缝对接，从另外一个层面来说，也是一种尝试。

"三位一体"的创始人

1994 年，以研究"卓越"企业闻名的美国著名管理大师吉姆·柯林斯出版了他的商学著作《基业长青》，并一度热销。其中最引人关注的话题之一便是：一个公司要成为百年老店还经久不衰，靠的是卓越的领导人还是良好的机制？这一年，中国的一对兄弟也以"追求卓越"为宗旨开启了自己的创业之路。这是一家以经营杂志和广告为主的小广告公司，公司老板突然告诉大家，他们打算做成中国的"华纳兄弟"，并立志将自己打造为涵盖影视全产业链的行业翘楚。这位名叫王中军的老板把他的公司叫作"华谊兄弟"，华纳和华谊，王中军和王中磊兄弟俩，要的就是这份神似。

彼时，从美国留学回来的王中军带着小他十岁的弟弟王中磊开始了华谊兄弟的创业之旅，启动资金则是王中军在美国留学时攒下的 10 万美元。仅仅四年后，1998 年，华谊兄弟成为首个通过投资方式进入电影行业的民营公司。三十年过去了，华谊兄弟出品了大量优秀的影视作品，培养出大批优质影视从业人员，同时不断拓展产业链，是国内拥有高价值品牌、丰富娱乐资源以及多产业布局的娱乐龙头公司。

当我们复盘这段历史时，会发现华谊兄弟的成长轨迹体现着王中军这位创始人的鲜明特点。生于 20 世纪 60 年代的王中军，17 岁便应征入伍，尽管在军队里的时间不算久，但是考虑到他生在军人家庭，不可忽视军人作风和精神对他性格塑造的影响之深。根据公开信息显示，王中军自幼喜爱美术，先后在国家物资总局物资出版社和中国永乐文化发展总公司任职，岗位主要与美术设计和广告相关。1989—1994 年，王中军前往美国留学，获得美国纽约州立大学大众传媒专业硕士学位。

与王中军同辈甚至更早的创业企业家，很多都有军人背景，能吃苦，敢拼搏，做事果断绝不含糊。除此之外，王中军在青年时有着体制内机关和企业工作的经验，又在美国系统学习了专业知识，可以说军人生活、企业工作和海外学习的经历构成了这位时年 34 岁的创业者"三位一体"的底层认知架构：果断执行、熟悉规则并且认知超前。事后验证，他在传媒领域具备极强的洞察力和商业嗅觉，在那个遍地充满机会的 90 年代，短短数年间，华谊兄弟便实现了财富积累。

"从点到线再到面"的战略规划

进入电影行业之初，华谊兄弟通过多部优秀的电影作品在电影市场逐步确立了领军地位，合作伙伴包括冯小刚、徐克等顶尖导演，成功推出《非诚勿扰》系列、《狄仁杰》系列和《前任》系列，以及《唐山大地震》《风声》《西游降魔篇》等优质影片，主出品电影票房超 200 亿元。

此后，公司逐步拓展电视剧、艺人经纪、实景娱乐等业务。2000 年，公司开始布局艺人经纪业务，初期以电影作品提升明星价值，推出包括黄晓明、李冰冰、周迅、邓超等国内知名艺人，开创"明星驱动 IP"模式，并且不断完善年轻艺人培养机制。这种绑定知名艺人和超级 IP 并不断孵化系列电影的套路，在美日韩等国的影视界屡见不鲜。华谊兄弟在那个年代已经开始着手打造自己的艺人生态，判断在未来，艺人的流量和价值将成为公司最核心的资产、最让同行畏惧的竞争力。这也再次证明以王中军为代表的华谊兄弟管理团队超前的认知水平。

2005 年，华谊兄弟电视剧业务起步，与电影 IP 有效结合，推出《唐山大地震》《风声》等电视剧版，后续也发力网生内容。这些运作的起点，也凸显了王中军的果断，例如为使得华谊兄弟快速进军电视剧业务，王中军瞄准了刚拍完《天龙八部》的张纪中，通过中间人介绍，仅花了半个小时将自己的想法和张纪中进行了交流，就在第二天签订了合同，宣告华谊兄弟正式入局电视剧领域。

作为彼时的一家民营公司，华谊兄弟在短短几年内便生产了大量的优质电视剧，这中间自然离不开华谊兄弟管理团队的经营理念和实践能力，同时也少不了资本市场的助推——华谊兄弟是中国影视娱乐领域第一家上市公司。在充满变数的文娱领域，民营的传媒影视公司若是只依赖自身的财富积累，在任何一次拓展新业务的时候都可能面临"一着不慎满盘皆输"的风险，而有了上市公司这一融资平台，便让华谊兄弟在获取资金的渠道上相较于同行显得举重若轻。

影视娱乐与资本市场联姻的先行者

2009 年，华谊兄弟登陆创业板，成为中国第一家影视娱乐上市公司。作为年龄比华谊兄弟还小的"创业板"（深圳交易所创业板于 2009 年 10 月 23 日举行开板启动仪式），这次 IPO 对参与各方都有着里程碑意义。换言之，华谊兄弟此次上市也是"惊险的一跃"——没有前车之鉴，前景如何尚未可知。

公司在上市时，需要公布自己的募资计划，这决定了公司上市后的发展路径，也是融资"故事"形成逻辑闭环的佐证。华谊兄弟作为传媒影视圈"第一个吃螃蟹"的上市公司，其募资说明多多少少都会为后来者提供一个参考样板。

根据华谊兄弟申请 IPO 发行的公开文件（包括招股说明书与券商关于募投项目的核查意见），公司实际募集资金远超预期的 6.2 亿元人民币（见表 7-1），并且大部分项目已经先行通过自筹资金投入，待上市募资成功后置换。

表 7-1 华谊兄弟 IPO 募资情况（单位：万元）

预计募集资金数额	62000.00
募集资金总额	120036.00
扣除发行费用	5212.13
实际募集资金净额	114823.87
超募资金	52823.87

通过华谊兄弟公开显示的募集资金用途可以发现，其全部投资额均用作影视剧制作，总投资额超过 7.6 亿元人民币（见表 7-2）。这在一定程度上体现了华谊兄弟聚焦主业的打法，也是资本市场的基本规则——创业板公司不能呈现多个主业，同时，多元化业务在资本市场也相对难以获得更高估值的溢价。

表 7-2 华谊兄弟 IPO 募资使用计划（单位：万元）

投资用途		部数/集数	投资预算
大制作影片	执行制片摄制	2	20000
	非执行制片摄制	2	11500
中小制作影片		2	6000
电影合计		6	37500
电视剧合计		642	38520
投资总预算		6部电影、642集电视剧	76020

根据公布的募投项目，其中不乏在日后成为爆款的《狄仁杰》《唐山大地震》等 4 部电影，以及总集数超过 640 集的 20 部电视剧，电影与电视剧的投资金额各占半壁江山。

值得注意的是，华谊兄弟的此次 IPO 完成了约 5 亿元人民币的超额募集，除了彼时新上市公司的股票极具吸引力外，笔者相信更为重要的原因是其行业在上市公司队列中的稀缺性。之后的三年内，超募的资金并没有闲置，华谊兄弟向着最初的"好莱坞梦"继续迈进，打造一个全产业布局的影视帝国。

"任何一个公司想快速发展，没有金融的手段和整合并购的手段很难做大。"王中军的话语中体现了他对于华谊兄弟发展目标的认知以及实现路径的见解。

前文提到，华谊兄弟 IPO 成功后超募了巨额的资金，其中大部分并没有投向影视剧。彼时可能鲜有人想到，正是这一笔超募的款项拉开了华谊兄弟产业投资的序幕（见表 7-3）。

表 7-3 部分超募资金使用去向

批准时间	用途	金额（万元）	备注
2009 年 7 月 20 日	影院投资	12966.32	在全国范围内的重点区域投资建设 6 家现代化多厅影院
2010 年 5 月 13 日	收购股权	3445.00	收购华友数码持有的华谊音乐 51% 的股权
2010 年 6 月 7 日	收购股权	2920.40	收购华谊音乐 49% 的股权，其中从北京兄弟盛世企业管理有限公司收购华谊音乐 35% 的股权，从北京齐心伟业文化发展有限公司收购华谊音乐 14% 的股权

续表

批准时间	用途	金额（万元）	备注
2010 年 12 月 6 日	收购股权 及增资	7000.00	从上海征途信息技术有限公司收购华谊巨人 51% 的股权，股权转让对价为人民币 5725 万元。公司与华谊巨人的其他股东上海巨人网络科技有限公司、上海巨焱网络科技有限公司按持股比例共同向华谊巨人增加注册资本人民币 2500 万元，其中公司增加投资人民币 1275 万元
2011 年 8 月 26 日	增资全资 子公司	11000.00	向全资子公司华谊兄弟（天津）实景娱乐有限公司增资

从 IPO 之日起，华谊兄弟就开始布局新的增长点，包括影院、音乐、游戏甚至经纪公司，每次的并购、运作都体现了创始人王中军的果敢。这似乎也验证了华谊兄弟对标华纳兄弟的雄心，即从影视出发，打造一个涵盖线上线下全产业链的文娱帝国（见表 7-4）。

表 7-4　华谊兄弟发展情况

年份	阶段	关键事项
1994 — 1998 年	创业伊始	创始人王中军、王中磊携手成立华谊兄弟
1998 — 2008 年	布局电影、艺人经纪、电视剧	1998 年，进军影视，开创贺岁片市场； 2000 年，布局艺人经纪业务； 2005 年，开始投资电视剧
2009 年	登陆创业板	2009 年作为行业首家公司登陆创业板
2010 — 2017 年	横向拓展	开拓品牌与知识产权经营模式； 2014 年首个实景项目开园； 开始投资互联网娱乐，入股掌趣科技等

续表

年份	阶段	关键事项
2017—今	确立产业投资板块	正式形成四大业务板块：影视娱乐、实景娱乐、互联网娱乐、产业投资

与时俱进，尤其是与最主流的媒体展示形式靠拢是传媒影视必然的选择，华谊兄弟也不例外。2020 年推出的《人间烟火花小厨》《古董局中局》系列在视频网站反响热烈。2011年，公司开拓品牌及知识产权授权的经营模式；2014 年，公司首个实景娱乐项目——海口观澜湖华谊冯小刚电影公社投入运营；2018 年，公司首个电影主题公园——华谊兄弟电影世界（苏州）开业，后续长沙园、郑州园也陆续开始运营。从2017 年开始，公司基于战略发展和财务角度的考量，正式确立产业投资板块，完善主营业务矩阵。经过多年的经营，华谊公司已经形成影视娱乐、实景娱乐、互联网娱乐以及产业投资四大经营板块，完成了由点到线再到面的产业布局。

但从长期来看，华谊兄弟的关注点似乎并不在传媒影视行业的项目上，而是在创造了这些项目内容的人才资源上。

"以人为本"的赚钱经

早在 IPO 时，华谊兄弟上市招股说明书中列出的风险就有一项:《集结号》和《非诚勿扰》两部影片约占华谊电影业务收入的 40% 和总营业收入的 18%。无疑，这背后指代的"核心资源"便是与华谊兄弟在十年前就开始合作的著名导演冯小刚。

而针对这一风险的应对策略便是，"公司将积极采取多种人才管理措施来降低核心专业人才变动给公司经营业务带来负面影响的可能性"。如果以投资视角来看，这句话很像"不要把鸡蛋放在同一个篮子里"，而事后来看，华谊兄弟的应对策略更像是"把鸡蛋放在同一个篮子里，并精心照顾"。

2001 年，冯小刚在《大腕》拍摄现场突然发病并送医急救的传闻甚嚣尘上。此后"冯小刚病了怎么办"成了华谊兄弟利益相关方经常聊的话题，甚至有个说法是"冯小刚一咳嗽，华谊就感冒"。尽管自 20 世纪 90 年代末，华谊兄弟和冯小刚就开始了合作之旅，但多年来，双方要分道扬镳的传言一直在坊间没有停息。

抛开冯小刚的个人因素不谈，对于华谊兄弟而言，绑定知名导演、当红明星以及王牌 IP 的重要性不言而喻。在华谊兄弟上市以后，中国的文娱市场逐步从线下走到线上，从电视端走到移动端，传媒影视公司对于明星资源的争夺更是越发激烈。除了影视剧，具备流量红利和商业价值的艺人们无疑是华谊兄弟创收的重要来源，华谊兄弟也从未停止"人力资源"的积累。可以说，华谊兄弟要绑定的不是一个具体的"冯小刚"，而是一群和"冯小刚"一样的优质人才。

"学成文武艺，货与帝王家"，有业界"帝王级"企业之谓的华谊兄弟，用尽各种方法来实践这句话。2015 年年末，华谊兄弟先后用现金收购了东阳美拉、东阳浩瀚和英雄互娱一系列影视传媒公司及游戏网络公司，并购资金达到了 37.06 亿元。

浙江东阳美拉传媒公司于 2015 年 9 月 2 日在东阳市工商行政管理局登记成立，注册资本仅 500 万元，著名导演冯小刚占 99% 的股权，陆国强占 1%。截至相关收购公告发布之前，总资产 1.36 亿元，总负债 1.91 亿元，相关所有者权益 -0.55 亿元。东阳美拉公司的经营范围包括一般经营项目，制作、复制、发行专题等。华谊兄弟以东阳美拉 2016 年业绩承诺 1 亿元净利润的 15 倍进行估算，得出并购价格。最终，华谊兄弟以 10.5 亿元获取了东阳美拉 70% 的股份，并确认了 10.47 亿元的商誉。

浙江东阳浩瀚影视娱乐公司于 2015 年 10 月 21 日在东阳市工商行政管理局登记成立，注册资本 1000 万元，其明星股东包括李晨、冯绍峰、杨颖、郑恺、杜淳、陈赫。收购前，东阳浩瀚的股权结构为睿德星际（天津）文化信息咨询合伙企业持有 15% 的股权，明星股东持有 85% 的股权。目标公司未经审计的财务数据为：资产总额为 1000 万元，负债总额为 0 元，所有者权益为 1000 万元，公司注册资本 1000 万元。公司经营范围包括一般经营项目，制作、复制、发行专题专栏等。华谊兄弟对东阳浩瀚的估值金额为 10.8 亿元，并以 70% 的股权比例支付东阳浩瀚 7.56 亿元，其支付金额远高于业绩承诺期间获得的税后净利润。具体估值过程如下：以东阳浩瀚承诺的 2015 年实现税后净利润 9000 万元为基础，其 12 倍即为 10.8 亿元。华谊兄弟以 7.56 亿元收购了可辨认净资产为 1000 万元的公司 70% 股权，并确认了 7.49 亿元的商誉。

北京英雄互娱科技股份有限公司成立于 2001 年 9 月 26 日，注册资本 10 万元。公司的股权结构为：控股股东天津迪诺投资管理有限公司持有目标公司 44.028% 的股权，前 10 大股东持有目标公司 98.180% 的股权，其他股东合计持有目标公司 1.820%。截至并购当日，英雄互娱的财务数据为总资产 1.0381 亿元，负债总额 0.9188 亿元，所有者权益总额为 0.1193 万元。主营业务为手机游戏研发、手机游戏发行、移动电竞赛事组织。英雄互娱拥有全品类移动电竞游戏，并且第一个开打了移动电竞线上赛、线下赛、职业联赛。华谊兄弟以英雄互娱承诺 2016 年度净利润的 19 倍（95 亿元）为公司的估值，以此估值为计算基础，公司获得目标公司 27721886 股新增股权（约占增资完成后目标公司股份总额的 20%）的对价为 19 亿元，形成 18.97 亿元的商誉。

表 7-5 对华谊兄弟的三次股权收购的标的以及金额的基

本情况进行了简要说明。

表 7-5　华谊兄弟系列收购表

企业	股东/原股东	并购前资产（万元）	支付价格（万元）	占股比例（%）	业绩承诺年限
东阳美拉	冯小刚、陆国强	1.36	105000	70	5
东阳浩瀚	李晨、冯绍峰、杨颖、郑恺、杜淳、陈赫	1000	75600	70	5
英雄互娱	应书岭等	10381	190000	20	3

在这三次收购中，华谊兄弟均采用高额溢价收购，并且要求被收购公司作出业绩承诺（如图 7-1 所示）。华谊兄弟分别支付 10.5 亿元、7.56 亿元和 19 亿元收购了东阳美拉 70%、东阳浩瀚 70% 和英雄互娱 20% 的股份。东阳美拉和与东阳浩瀚作出了类似的业绩承诺与补偿方式：在业绩承诺方面，东阳美拉和东阳浩瀚所做出的业绩承诺年限均为 5 年，前者是业绩承诺首年完成 1 亿元净利润，往后年度需完成净利润均上浮 15%；后者是业绩承诺首年完成 0.9 亿元，往后年度需完成净利润均上浮 15%。在业绩补偿方面，都是在当年年报公布的 30 日内以现金方式补齐差额。英雄互娱的业绩承诺期限为 3 年，承诺 2016 年净利润不得低于 5 亿元，每年净利润上浮 20%，其业绩补偿方式与前两家影视传媒公司的补偿方式相同。

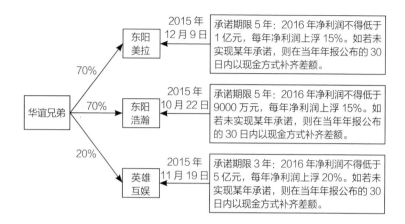

图 7-1   2015 年华谊兄弟收购三家影视传媒公司及游戏网络公司业绩
承诺概况

对赌协议规定，2016 年东阳美拉的净利润需达到 1 亿元，从 2017 年到 2020 年净利润每年增长 15%——即 2016 年至 2020 年每年税后净利润分别约为 1 亿元、1.15 亿元、1.32 亿元、1.52 亿元和 1.75 亿元，5 年总计 6.74 亿元。若未能完成要求，冯小刚需同意于该年度的审计报告出具之日起 30 个工作日内补足目标公司未完成的该年度业绩目标之差额部分。5 年来，东阳美拉先后实现的实际净利润为 1.05 亿元、1.17 亿元、6500 万元、1.64 亿元和 560 万元，据此计算，冯小刚 3 次完成对赌目标，2 次失利，累计需补足华谊兄弟约 2.36 亿元（见表 7-6）。

表 7-6　东阳美拉业绩对赌实现情况

年份	2016	2017	2018	2019	2020	合计
承诺净利润（亿元）	1	1.15	1.32	1.52	1.75	6.74
实际净利润（亿元）	1.05	1.17	0.65	1.64	0.056	4.53
补差额（亿元）			0.67		1.694	2.364

　　根据东阳浩瀚业绩对赌协议，东阳浩瀚在 2016 年至 2020 年的净利润需要分别达到 0.9 亿元、1.035 亿元、1.19 亿元、1.37 亿元和 1.574 亿元。但东阳浩瀚在 2017 年业绩为 1.01 亿元，需向华谊兄弟补偿 250 万元，2020 年业绩依然未能完成对赌协议，须向华谊兄弟补偿 1.244 亿元（见表 7-7）。

表 7-7　东阳浩瀚业绩对赌实现情况

年份	2016	2017	2018	2019	2020	合计
承诺净利润（亿元）	0.9	1.035	1.19	1.37	1.574	6.07
实际净利润（亿元）	0.92	1.01	1.56	1.95	0.33	5.77
补差额（亿元）		0.025			1.244	1.27

　　相比较上述两家公司，英雄互娱才是真正意义上的产业并购。根据对赌协议，要完成业绩目标，英雄互娱在 2016 年至 2018 年的净利润需要分别达到 5 亿元、6 亿元和 7.2 亿元。实际上，英雄互娱这三年分别以 5.32 亿元、9.15 亿元、7.27 亿元的净利润完成了对赌（见表 7-8）。华谊兄弟

　　另一方面，兼并采用的现金支付方式也使公司的财务状况恶化。这三次股权收购均以现金方式来支付，使得华谊兄弟在收购完成后负债大幅增高，出现资本结构恶化的情况。事实上，华谊兄弟的现金流并不充裕，因此 2015 年系列收购之后，华谊兄弟的债务压力继续加重（如图 7-4 所示）。

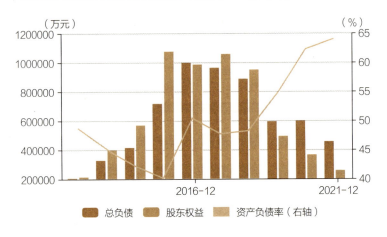

图 7-4　资本结构变化

　　东阳美拉、东阳浩瀚和英雄互娱在收购之前的运营状况很差，东阳浩瀚甚至在成立一天之后就被华谊兄弟收购，这导致华谊兄弟在高溢价收购后不仅增加了债务压力，而且增加了经营风险。加之 2016 年后影视产业高增长行情转弱，在 2015年影视业高光时刻完成的"看上去很美"的并购，最后被业界评价为"一地鸡毛"的败笔。

贴地飞行，坚持初心：光线传媒的发展之路

对于从短缺经济走过来的人来说，创业做事最大的障碍就是缺钱，于是乎就形成了这样一个思维套路：如果有了钱，就不至于如何如何。但是从事情的发展本身来说，很可能因为没钱的现实持续时间太长，也太硬核，掩盖了"当钱真的来了，你却不会用"的硬伤。能不能用好钱是企业家面临的另一个艰巨的考验。同样通过上市融资有了钱，光线传媒和华谊兄弟用钱的方式却完全不同，市场风格也差别很大。

科班出身的创业者

与具有"多元化"背景的王中军不同，光线传媒的创始人王长田是典型的科班出身。自 1988 年从复旦大学新闻学院毕业以后，他一直在报社和电视台等主流媒体工作，可以说是"根正苗红"的媒体人。1998 年，王长田建立了中国第一家专业电视策划与制作机构"北京光线电视策划研究中心"，即光线传媒的前身，从此开启了国内又一家民营综合性文娱集团的传奇之旅。

与"江湖气息"浓厚的王氏兄弟相比，新闻人出生的王长田更聚焦于媒体业务和内容。但与华谊兄弟类似的是，他也借鉴了美国传媒影视行业的商业逻辑，参考了"大企业"的全

产业链运营模式。

时至今日，光线传媒已经覆盖了传媒影视行业几乎所有的业务。其主营业务包括电视节目制作与发行，电影投资、制作、宣发，电视剧投资、发行，艺人经纪，新媒体互联网，游戏等。公司业务以内容为核心、以影视为驱动，在横向的内容覆盖及纵向的产业链延伸两个维度同时布局，目前其业务已覆盖电影、电视剧（网剧）、动漫、视频、音乐、文学、艺人经纪、戏剧、衍生品、实景娱乐等领域，是国内覆盖内容领域最全面、产业链纵向延伸最完整的综合性内容集团之一。

光线传媒的影视业务板块主要包括电影、电视剧（网剧）等，是公司的核心竞争力所在，也是扩展并拉动其他业务板块的核心驱动力所在。动漫业务板块主要包括动画影视及动漫题材的真人影视等，是公司在横向领域内优势最明显的业务板块，也是最具发展潜力的业务板块之一。内容关联业务板块主要包括艺人经纪、文学、音乐、戏剧、衍生品、实景娱乐等，既涵括不同的内容形式，也包含内容的衍生和延展，是公司在以优质影视内容为核心建立行业地位和竞争优势后，孕育并促进其他业务板块发展的具体体现。除此之外，公司也在布局产业投资板块，均以内容投资和战略投资为核心，是公司布局内容产业链、扩大并延伸业务触角、丰富内容产品线及来源的重要保障。

自 1998 年成立以来，光线传媒的发展历程可分为三个阶段：电视节目制作发行期、电影业务转型期、业务腾飞期。

1998—2004 年，致力于电视节目制作发行：光线传媒的前身为"北京光线电视策划研究中心"，致力于发展电视娱乐节目，如今占据各种视频网站头条的娱乐节目早在二十多年前已有雏形，比如《娱乐现场》等娱乐访谈类节目都是光线传媒早期的成名作。1999 年，其制作的第一档节目《中国娱乐报道》上线后一炮而红，播出三个月后，《中国娱乐报道》平均收视率已超过 8%，覆盖了全国省市级电视台 60 余家；2000 年年初，该节目收视观众达 3.15 亿。自此之后，光线传媒陆续制作播出了《音乐风云榜》《娱乐人物周刊》《影视风云榜》等十余档综艺娱乐电视节目，光线传媒也因此成为中国最大的电视节目制作商与发行商。

2005—2011 年，向电影业务逐步转型：2005 年，光线传媒开始涉猎电影领域，业务重心逐渐有所转变。2006 年，光线传媒发行的第一部电影《伤城》仅上线一个月就获得了 6000 余万的票房收入，此次试水的成功正式拉开了光线传媒电影业务的序幕，也初步奠定了光线传媒在内地电影行业的领先地位。自此之后，电影业务逐渐成为光线传媒的发展根基，多次出品发行了现象级的华语佳作，如近些年名利双收的爆款《美人鱼》《疯狂的外星人》《唐人街探案 2》《我和我的祖国》等。

也是在 2011 年，当光线传媒准备步入下一个台阶时，上市工作开始有序进行。

花钱精耕细作，战略指向资源

光线传媒于 2011 年 8 月 3 日登陆深圳创业板，这也是继华谊兄弟、华策影视之后第三家登陆 A 股的传媒影视公司。如果说华谊兄弟是通过绑定人才资源、以电影切入电视剧领域，那么光线传媒则走上了一条围绕内容生产的"工业"逻辑之路。

在登陆创业板之前，光线传媒一直都把主要精力放在传统传媒业务上。以王长田为首的公司管理团队非常了解，电影不同于电视剧，前者更需要大量的资本、资金以及有经验的操盘手来运营，对于刚刚涉足电影业的光线传媒显然力不从心。从细分业务来看，华谊兄弟是"全链条"影业公司，其基业是集拍摄、制作、发行于一体的立体型业务模式，而光线传媒的电影业务则主要围绕电影发行展开。如果要与华谊兄弟分庭抗礼，上述这些情况都使得光线传媒必须走一条不一样的发展路径。

根据光线传媒上市文件公开信息，公司计划募资额超过 14 亿元人民币，最终超募资金超过 10 亿元人民币，与华谊兄弟的上市情况近乎一样，都是实际募集资金近乎两倍于计划募集资金，说明二者都是当时资金方青睐的宠儿。光线传媒并没有闲置超募来的资金，除了偿还之前的银行贷款，大部分都投向了影视内容（包括对全资子公司光线影业的增资）。对比华谊兄弟将所有募资都投到了影视剧中，光线传媒则布局了数字演播中心、节目采编数字化改造等基础设施项目（见表 7–9）。

表 7–9　光线传媒 IPO 主要募投项目（单位：万元）

序号	项目	拟投资金额	备案情况
1	电视联供网电视节目制作	6282	
2	电视联供网电视剧购买	21600	
3	数字演播中心扩建项目	6500	京东城发改（备)[2009]15 号
4	节目采编数字化改造项目	3400	京东城发改（备)[2009]14 号

上市以后，光线传媒显得异常低调，并没有像彼时很多文娱集团一样积极投身选秀、文娱类大型活动。正如王长田曾说："大制作不是一个公司常态发展应该寄托的东西，那里面赌的成分很大。我们能够不断扩展，是因为我们的投入在一个合适的水平，能被更多人接受。"但公司在积攒"内力"方面从未停下，比如在 2012 年以 7500 万元投资金华长风 32% 的股权，后者是一家主打在线 K 歌、社交聊天、教学等多种娱乐内容的视频即时互动平台（呱呱视频社区），主要赢利模式包括增值服务费、会员费及服务分成，这也是光线传媒在互联

网平台布局的一步小试，为未来"大刀阔斧"的资本运作拉开了帷幕。

上市一年以后，光线传媒营收比重最大的还是自身起家的手艺活——电视节目制作，但令人眼前一亮的是，其影视剧制作的收入也增长迅速，2012 年前三季度便实现 2.08 亿元收入，同比增长 82.5%。需要注意的是，在收入增长的背景下，公司的影视剧毛利率却由 2011 年的 29.61% 降至 22.86%，远低于华谊兄弟影视剧业务近 50% 的毛利率水平。光线传媒进入影视剧领域后，并不乏耀眼的爆款，上市不久后的 2012 年，依然有霸榜贺岁档的《泰囧》。然而不同于前文提到的华谊兄弟的"摘星"逻辑，相较于如何绑定"大腕"，光线传媒的兴趣点更在于如何创造出好的电影。"我们的模式类似奔驰、宝马，比较高级，但不是最顶尖，却可以批量化、大规模地生产。不像劳斯莱斯和宾利，品质虽高但无法大规模生产，无法做成巨型公司。"王长田的这番话，完全是一个"工业"企业家的商业逻辑，既解释了毛利率相对华谊兄弟较低的合理原因，也表明光线传媒走上了一条与华谊兄弟不同的电影制作之路。

深谙"互联网之道"

光线传媒自 2012 年开始进入业务腾飞期。2012 年及 2013 年，光线传媒接连收购欢瑞世纪和新丽传媒部分股权，也标志着光线传媒正式进军电视剧及网剧行业。为推动业务发展，光线传媒开展了数次针对电视剧及网剧的战略投资，截至 2022 年 6 月，光线传媒已经参投制作发行了共计 24 部剧集，如《我在未来等你》《逆流而上的你》《新世界》等。2015 年，光线传媒宣布成立"彩条屋"，着力发展动画类影视，成为国内最早布局动画影视的公司之一。通过对上下游产业链的战略投资进行整合，光线传媒已经形成了从 IP 开发到动画影视制作发行的全方位布局。凭借这种先发优势，光线传媒现如今已经成为国内动画影视行业的天花板，代表作有《大鱼海棠》《哪吒之魔童降世》《姜子牙》《大护法》等。除此之外，光线传媒也同时布局艺人经纪产业与产业投资等业务内容，形成了多元化的业务矩阵。

在近十年的业务腾飞期，从消费习惯到付费模式，从生产平台到制造流程，光线传媒紧扣国内互联网发展的趋势进行布局。这背后反映出光线传媒的行业理解能力：影视作品始终是项目，而项目化运作的特点就是不稳定、风险大、波动性大。作为将自己定义为内容提供商的光线传媒，一定要与当下最主流的内容提供渠道相结合，才能产生最具价值的化学反应。从光线传媒诞生之初到如今的互联网时代，王长田一直没有摒弃内容结合渠道的观念，并且通过收购网页游戏和社交平台的资本运作来贯彻这一理念。其中，光线传媒与互联网平台结合最紧密的一次碰触，正是收购猫眼电影这一案例。

收购猫眼

天津猫眼文化传媒有限公司（以下简称"猫眼电影"）原先是美团旗下的一家集媒体内容、在线购票、用户互动社交、电影衍生品销售等服务于一体的一站式电影互联网平台。猫眼电影起步于 2012 年，最初是由美团孵化的一个创新项目，2013 年 1 月正式定名为"猫眼电影"，核心业务为在线选座。2014 年 6 月，猫眼电影靠《变形金刚 4》的 20 亿元票房成功超越格瓦拉，成为在线票务市场份额的第一名。2015 年 6 月，猫眼电影覆盖影院超过 4000 家，这些影院的票房贡献占比超过 90%。猫眼占网络购票 70% 的市场份额，每三张电影票就有一张出自猫眼电影，是影迷下载量较多、使用率较高的电影应用软件。同时，猫眼电影可以为合作影院和电影制片发行方提供覆盖海量电影消费者的精准营销方案，助力影片票房。2015 年上半年，猫眼电影交易额达 60 亿元，超过 2014 年的全年交易额。根据易观智库公开数据，2015 年，全平台口径下的"猫眼电影"市场占有率位列行业第一位，当时同赛道的竞品公司还有微影时代、淘宝电影等。

艾瑞咨询提供的"中国在线电影票务行业市场交易规模"数据显示，2012—2015 年，在线票务市场规模不断增

长，最高增长率为 179.10%，网络购票占比从 18.4% 提高到了
65.7%。

　　根据光线传媒于 2016 年 5 月 28 日披露的《关于本公司与
控股股东共同对外投资暨关联交易的公告》《光线传媒：中信
建投证券股份有限公司关于公司对外投资暨关联交易的核查意
见》，光线传媒并购猫眼电影的并购过程及交易结构如图 7-5
所示。

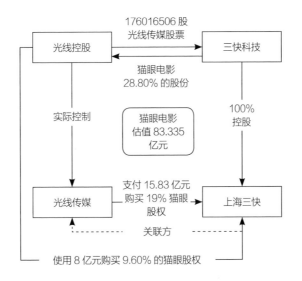

图 7-5　光线传媒并购猫眼电影的并购过程及交易结构

　　这场交易有两个受让方——光线控股有限公司（以下简
称"光线控股"）、光线传媒，两个转让方——北京三快科技
有限公司（以下简称"三快科技"）、上海三快科技有限公司

（以下简称"上海三快"），交易标的为天津猫眼文化传媒有限公司。交易内容一共有三笔：

①光线控股与三快科技进行股权互换，使用持有的176016506股光线传媒股票购买标的公司28.80%的股份，三快科技也因此成为持有股权超过5%的股东之一，属于关联方。

②光线控股支付8亿元，购买上海三快名下标的公司9.60%的股权。

③光线传媒支付了15.83亿元，购买上海三快名下标的公司19.00%的股权。

交易完成之后，光线系拿到了共57.4%的股权；三快科技在标的公司上的股权出清并持有6%的光线传媒股份；上海三快仍持有32.6%的股份，为第二大股东。

本次交易的成功，离不开光线系中的上市公司光线传媒。在并购前，一些媒体报道，专业人士对光线传媒的预期是"参股"而非"控股"，给出的理由是考虑到猫眼电影的体量，光线传媒面临着较大的现金流压力，很难将其吃下。查询Wind①发现，光线控股对标的公司的股份受让在同年7月29日完成，且并没有在2016年前后发行过新债或者获得银行授

---

① Wind数据库具有覆盖全球金融市场的数据与信息，内容包括股票、债券、期货、外汇、基金、指数、权证、宏观行业等多项品种。

信，股权质押数量也较低。尽管公司没有披露 2016 年的财务数据，参考 2017 年至今的现金库存，如果使用公司自有资金支付 28.80% 股份所对应的 23.99 亿元，还是存在压力的（如图 7-6 所示）。

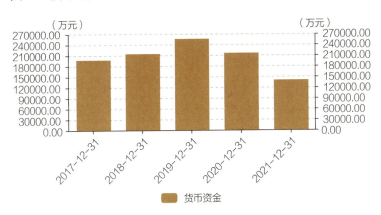

数据来源：Wind。

图 7-6　20 光线 E2[117166.SZ]- 资产负债表

在一篇 2016 年发表的论文[①]中，作者也指出，本次并购是光线传媒通过自有资金和所持的光线传媒股份完成的。上市公司光线传媒所提供的股权出质，不仅引入了新美大系的股东，使得双方利益实现了更加深层次的绑定，还在本次交易中为光线控股节省下来近 24 亿元的现金支出。

---

① 黄婧泓，李奕霏 . 影视行业并购的绩效分析——以光线传媒并购猫眼电影为例 [J]. 科技经济市场，2021(01)：42-43.

根据估值 83.33 亿元推算，通过后续两笔钱－股交易不难计算出，最终达成交易的猫眼电影估值约为 83.33 亿元，在这个估值基础上，28.80% 股权的价值约为 23.99 亿元，平均下来每股光线传媒股份折合为 13.63 元。但是，此前停牌的光线传媒最后一个交易日的收盘价为 11.95 元，盘中最高也仅为 12.05 元，即使往前 20 个交易日，最高价也只有 12.54 元，距 13.63 元尚有差距。

结合猫眼电影与同类竞品淘宝电影、微影时代的估值对比，83.33 亿元的估值较低。在此之前已经完成融资的同类竞品微影时代投后估值 116 亿元、淘宝电影投前估值 120 亿元；而且这一估值也与猫眼电影的行业地位有所背离，作为 2015年市场占有率第一的猫眼电影，其价值理应比竞品公司更高才对。担任本次并购交易买方财务顾问的中信建投证券董事总经理、TMT 行业负责人徐炯炜表示，如果是纯引进财务投资人的话，猫眼电影的估值在现在的经营水平下应该至少在 140 亿元到 150 亿元之间，未来还将更高。

与股权价格相印证可知，转让方应当是希望促成交易成功的，因此才接受了价格上的种种优惠。在公告中，这种优惠的存在原因被解释为："考虑到光线传媒与猫眼电影以及其原有股东间的战略合作意义，再加上光线传媒可为猫眼电影提供的产业资源，猫眼电影原股东对于其估值水平进行了一定程度的'折让'。"

在并购动因上，从猫眼电影的角度来看，处于市场推广期的猫眼电影在"烧钱大战"中需要找到持续稳定的现金流，在内部融资出现困难的情况下，接受光线传媒的收购是主动寻找外部融资的途径之一。

是否参与"烧钱大战"的确是猫眼电影面临的一大难题。通过票价补贴的价格战，在线票务市场形成了微影时代、猫眼电影、百度糯米、淘票票等几家独大的局面。艾媒咨询披露的数据显示，2016 年一季度，在线票务市场各大平台的市场份额分别为：猫眼电影 22.2%，百度糯米 20.1%，微影时代 13.9%，淘宝电影 10.6%，四大平台之外的份额仅为 2.9%。但当时在线票务平台确实没有成熟、清晰的赢利模式，没有足够支撑财务收入的强大来源，"赔本赚吆喝"——推出 9.9 元至 19.9 元不等的特价票其实是卖得越多亏得越多，最终经营这些在线票务平台公司的成本还得来自融资。但是融资就要面临估值问题，2016 年，猫眼电影第一季度净利润为 2.38 万元，为了实现利润的扭亏为盈，猫眼电影的市场占有率已经从 2015 年巅峰时期的 70% 左右逐步下降到了 20% 左右。

从光线传媒的角度看，作为影片的发行公司，为了更好地向下游推广，所选择的路线要么向院线发展，例如万达影视，要么向在线票务发展。无独有偶，在线票务网站刚刚兴起之时，华谊兄弟曾投资过卖座网，获取卖座网 51% 的股份，而光线传媒也曾投资北京捷通无限科技有限公司，捷通无限旗下的"网票网"是电影行业的电商整合平台。在 2016 年 3 月的一次投资说明会上，王长田曾表示，将在 2016 年建立光线传媒自己的网上售票系统。通过此次交易，猫眼电影的海量用户资源及强大的数据分析能力将对光线传媒的电影投资、制作及发行形成正向信息反馈；猫眼电影基于用户画像、票务营销与大数据分析而获取的营销能力将有助于公司增强对文化内容产品受众行为趋势的理解和认知，对于整合上下游资源、带来投资回报会有一定帮助。

从交易结构来看，光线方对猫眼电影的业绩仍有一定担忧。公告显示，在线电影票务行业普遍处于市场推广投入阶段，短期内标的公司存在发生亏损的可能，根据行业发展态势，预计未来一段时间内仍需标的公司股东进行持续的较大金额投入。因此，为了减轻上市公司资金压力，避免对上市公司财务状况造成不利影响，本次交易采取公司控股股东光线控股主要投资、光线传媒参股投资的交易结构。

在完成并购后，猫眼电影在后期又完成了几次资本运作，例如并购由腾讯控股的微影时代；借助猫眼电影在线上票务、线上娱乐领域所积累的经验，猫眼娱乐也成功赴港上市。猫眼娱乐（1896.HK）的注册地为开曼群岛，法定代表人为王长田，其股本结构 100% 为香港流通股，推测其有较大可能采取

VIE 架构[1]，由境内公司协议控制。

从营收表现来看，虽然猫眼电影的财务数据在 2017—2018 年都出现了亏损（见表 7-10），但在被并购后亏损明显减少，且在 2019 年获得赢利。2020 年，由于新冠病毒感染的影响，电影行业受到巨大的冲击，在上半年影院基本没有营业的前提下，猫眼电影出现亏损在情理之中，但仍能看到并购后对猫眼电影业绩的改善。

表 7-10　猫眼电影营收情况[2]

时间	营业收入（万元）	税后利润（万元）	主营利润率（%）
2020 年 6 月 30 日	20305.00	-43065.40	-212.89
2019 年	426751.40	45885.70	15.52
2018 年	375495.90	-13839.60	-3.9
2017 年	254798.20	-7601.30	-3.03

光线传媒近几年平稳发展，最新总市值为 211 亿元，在证监会给出的二级行业分类"广播、电视、电影和影视"中，仅次于万达电影。受新冠病毒感染反复等因素影响，2020 年 9

① VIE 架构是指境外注册的上市实体与境内的业务运营实体相分离，境外的上市实体通过协议的方式控制境内的业务实体。

② 黄婧泓，李奕霏.影视行业并购的绩效分析——以光线传媒并购猫眼电影为例 [J].科技经济市场，2021(01)：42-43.

月后，股价呈现下行趋势，较为低迷。但是如果仅观察并购猫眼电影前后，可以看到在光线传媒的市盈率上，还是呈现出了一些变化（如图7-7所示）。

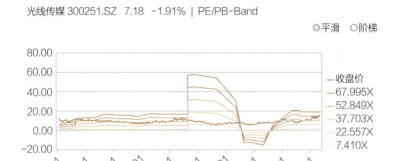

光线传媒 300251.SZ　7.18　-1.91%｜PE/PB-Band

◎平滑　○阶梯

图7-7　光线传媒PE-Band图

本次绩效分析主要从资本结构与偿债能力、赢利水平与收益质量、营运能力三个维度展开，通过财务指标对光线传媒进行分析。

（1）资本结构与偿债能力

资产负债率和金融负债率在2016—2018年都保持较高的水平，2020年起显著下降。数据发生较大变动的主要原因是：2016年7月和2017年10月，光线传媒分别发行了2次规模为10亿元的公司债券。由于收购猫眼电影，加上猫眼电影进一步占领市场需耗费巨额资金，使光线传媒面临较大的资金压力，公司通过发债来缓解企业资金的压力。因此，2016 年和 2017 年公司的金融负债率都在较高水平。随着债务的偿还，2019 年负债水平有所下降。

而在偿债能力上，在收购猫眼电影前后，公司的偿债能力显著下降，但随后稳步回升，2017 年年末恢复到较高水平（如图 7-8 所示）。

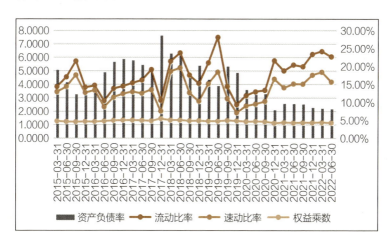

图 7-8　光线传媒：资产结构与偿债能力

（2）赢利能力与收益质量

从赢利能力来看，并购猫眼电影后，光线传媒的毛利率出现显著上升，ROA、ROE 等指标也出现回升，可以推测电影发行业务确实出现了较好的协同效应（如图 7-9 所示）。

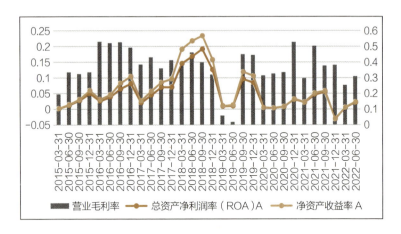

图 7-9　光线传媒：赢利与收益质量

（3）营运能力

从三个周转率指标（应收账款周转率、存货周转率、总资产周转率）来看，2016 年上半年确实出现了周转率下降，尤其是存货周转率下降等特征，营业周期也显著升高；2017 年就已恢复至较好水平，产生的影响较小。

从后期来看，2019 年，光线传媒参与制作发行的电影电视作品都获得了较好的收益，加上并购猫眼电影后，电影宣发渠道以及业务拓展使得此数据有所改善，营运能力有一定的提升。2020 年后，受新冠病毒感染影响，周转率下降严重，营业周期显著加长（见表 7-11）。

表 7-11　光线传媒：营运能力

截止日期	应收账款周转率	存货周转率	总资产周转率	营业周期
2015-06-30	0.50	0.46	0.05	763.40
2015-12-31	1.43	2.61	0.19	394.83
2016-06-30	0.95	0.66	0.08	468.12
2016-12-31	2.27	1.87	0.19	356.66
2017-06-30	2.37	0.83	0.11	293.92
2017-12-31	5.42	0.94	0.16	455.35
2018-06-30	1.07	0.36	0.06	667.44
2018-12-31	5.30	0.65	0.14	627.83
2019-06-30	2.59	1.01	0.12	249.61
2019-12-31	6.53	1.34	0.26	327.85
2020-06-30	0.82	0.16	0.03	1345.54
2020-12-31	1.83	0.58	0.12	831.03
2021-06-30	1.47	0.32	0.07	687.26
2021-12-31	3.55	0.61	0.11	701.49
2022-06-30	2.09	0.33	0.06	642.57

随风而动的收购——光线传媒的资本运作与发展策略

与华谊兄弟围绕"人"和 IP 做文章，光线传媒更像是"造钟者"，体现了另一种产业资本的逻辑，尤其是伴随着互联网时代的来临，光线传媒在资本运作层面体现出一种紧跟时代红利爬坡的特点。

通过并购猫眼电影，光线传媒实现了入场在线票务市场。依托光线传媒的上市公司优势，光线系也实现了通过自有资金和股权成功控股猫眼电影。对于光线系而言，控股而非参股保证了合作的黏度、深入度，以及资源的强互换；光线传媒持股 19% 的设计也避免了触发"重大交易重组"条款，缓冲了猫眼电影亏损为上市公司财务数据带来的压力；光线控股老股转让的形式也降低了定向增发所需的时间成本，使得本次并购迅速达成。从中长期而言，这次并购无论是市场方面还是财务方面都有很大的潜力。随着猫眼娱乐的上市，资金压力有了极大的缓解。在新冠病毒感染可控的未来，中国电影市场不断发展，猫眼电影长期稳定的赢利也指日可待。

资本"淬火"下，何去何从？

回到之前提到的《基业长青》一书中那个著名的问题：一家公司到底该如何才能卓越非凡、长盛不衰？是依靠报时人还是造钟者？前者指的是天才一般的明星管理人，个人能力极强，如同无论何时间他都能报出时间的特异功能者；后者并不具备显著的领袖气质，但能打造一台健全的时钟，为身边人随时提供时间的参考。科林斯在书中倾向于选择后者，因为

"报时人"终会离别（或是退休或是死亡），但有能力打造出健全的制度、塑造符合企业发展文化的"造钟者"才是企业真正需要的基业长青奠基人。这两种类型也可以延伸为企业到底需要怎么样的核心资源——是依赖于人才的战略还是不依赖于人才的产业战略？

公转与自转——传媒产业的资本市场之路

根据前瞻产业研究院的整理[1]，改革开放以来，中国传媒产业 40 多年的发展历程可分为 5 个发展阶段：1979—1984 年为经营恢复期，1985—1991 年为初步探索期，1992—2000 年为产业化浪潮期，2001—2008 年为颠覆与转型期，2009 年至今为融合移动互联期。40 年多来推动行业发展的三大要素来自政策、技术和资本，传媒产业在三大要素的博弈下前行。

不同的发展阶段也催生了不同的资本运作方式。[2]1979—1993 年，传媒的主要表现形式为报纸，对于报业的管理从计划经济变为了"事业单位、企业化管理"，开始逐步推动媒介市场化、产业化。1994 年，国家主管部门表示可以组建传

---

[1]　资料来源：前瞻经济学人《一文带你了解中国传媒产业市场规模与发展趋势分析》。

[2]　资料来源：中经市场研究网《中国传媒行业的资本运营分析》。

媒集团。1996 年，中宣部批准《广州日报》挂牌作为全国第一家报业集团试点，从而拉开了传媒集团化的序幕。与此同时，20 世纪 90 年代末，随着股份制改革和中国资本市场的发展，在四川电器的股权转让中，《成都商报》所控股的全资子公司成为上市公司的第一大股东。现在来看，这是一个典型的"借壳上市"的资本运作案例。随后，通过资本运作，传媒业通过在市场上投融资实现了快速扩张，《成都商报》借壳上市实现了资本经营的进一步突破，《上海商报》等紧随其后完成上市。进入 21 世纪，资本运作的标的更加丰富，频道经营权、股票经营权、频道股权都成了交易谈判的筹码——2003 年，南京广播电视台以文体、生活、股市信息三个频道三年经营权和部分固定资产作为投入，与业外资本联合进行公司化运营；北大华亿影视文化有限公司所拥有的海南旅游卫视频道股权的50% 出让给保利文化艺术有限公司，双方合作各占股 50% 组成中国保利华亿文化传媒有限公司，经营海南旅游卫视频道；2004 年，浙江广厦集团出资 6000 万元与浙江广电集团联合成立浙江影视集团，核心资产包括浙江电视台影视文化频道部分广告经营权；同年，杭州电视台少儿频道产业经营部分由业内外资本联合投资组建杭州好朋友传媒有限公司，对频道进行产业经营。

总体来看，传媒行业的资本运作演变离不开政策的放松与大环境的发展支持，资本进入传媒市场，客观上促进了传媒业的发展，也使得企业投融资方式更加丰富，为企业经营方式带来了更多畅想和可能。而传媒产业除了与其他行业无差异地围绕资本市场"公转"，也因为自身的特性，演变出了其他行业难以效仿的资本运作路径，这种"自转"也为传媒产业的发展提供了诸多素材。

选择"报时人"，还是"造钟者"？

华谊兄弟和光线传媒作为业内两家重磅的明星上市公司，在资本运作层面有着截然不同的"观感"，至少在本书中，两种貌似"殊途同归"的资本运作路径，代表了两家公司操盘人对行业和资本市场的不同认知风格。

回顾前文华谊兄弟高溢价并购空壳公司的案例，涉及传媒业一种较为特殊的资本运作方式——关注"人"本身的资本运作，即通过高溢价收购与明星、导演进行合作，或直接通过0对价"赠送"股权的方式邀请明星做股东。这种方法也为后来者提供了很好的参照范本。

以凯悦影视为例，凯悦影视由原欢瑞世纪副总裁贾士凯于 2015 年创立。2016 年 4 月，贾士凯向杨洋父亲杨国平 0 元出让 17 万股凯悦影视股份。2016 年 9 月，杨洋家族向东阳阿里以 1700 万元的价格出让 1.36 万股；2016 年 12 月，向耀客传媒以 1400 万元的价格出让 0.94 万股，此时杨洋家族零成本套现 3100 万元。2017 年 12 月文投控股并购凯悦影视时，文投控股以价值 3.18 亿元的文投股份和 1.36 亿元的现金收购了杨洋家族 1.47 万股股份。最终，杨洋家族以零成本得到了 1.67 亿元现金和 3.18 亿元文投股份。但是，通过杨洋，凯悦影视得以加盟投资由他主演的大 IP 改编电影《三生三世十里桃花》、大 IP 改编电视剧《武动乾坤》。这场资本运作为凯悦影视带来的是杨洋作为流量明星本身的市场影响力和人脉关系。同华谊兄弟挖来导演冯小刚，艺人李晨、冯绍峰、杨颖、郑恺、杜淳、陈赫等一样，收购并不具有实际意义上的经营价值，因此，其交易本身不在于公司的价值，而是人本身的价值，或者说是人背后流量的附加值。

反观光线传媒，王长田曾介绍，公司不准备大力发展艺人经纪业务，因为这种业务在商业模式上有一定的缺陷。比如，艺人不稳定、利润率相对低、公司提成比例不高等。重要的是，由于艺人是个体产品，很难形成工业化规模。前文也反复提到，这种"工业"思想贯穿光线传媒每个阶段的战略布局。

铁胆雄心下的资本对价

华谊兄弟对于明星和稀缺 IP 的青睐赤裸裸地体现在了并

购案例之中：通过溢价收购以绑定"人"的价值，通过变相投资"人"的关联方以获得投资优质影视版权的机会。从当下流量明星的变现能力、顶级 IP 的创收水准，不难看出华谊兄弟确实深谙其中之道。尽管存在"对赌式"利益输送，却挡不住百姓对冯小刚的热爱，粉丝对明星们的追捧，而创业三十年的华谊兄弟，也确实创造了一批又一批优质的项目，在名利双收的基础上不乏有艺术价值的影视作品。同时华谊兄弟也培育了许多顶尖的导演和演员，这些明星资源也为公司开拓了更多的市场，双方互相绑定，螺旋式上升。

然而深谙 IP 之道的华谊兄弟也必须承担资本运作带来的压力。溢价收购所形成的高商誉，让华谊兄弟的收购风险如同它所培育的明星一样暴露在聚光灯下。不同的是，明星并没有在公众视野下明码标价，但华谊兄弟的价值却实实在在地体现在股价和财报之中。上市公司是一个非常好的融资平台，但前提是需要持续、良性的运营，而非简单粗暴地从外部融资后输送给利益相关方，尤其是当这种输送存在较大不确定性时，缺乏耐性的风险厌恶型投资人就会将"情绪表达"直接体现在股价上。

反观光线传媒，则是脱离"人"的因素，转向产业思维的极致，从某种程度上看，这是一种符合一般上市公司的策略性布局。基于传统业务发展到一定阶段，试图通过上下游整合或者注入产业链新鲜概念等资本运作的玩法，在任何行业都屡见不鲜，尤其是资本市场发展到今天，"总有一款适合你"的金融产品甚至可以帮助上市公司及其实际控制人完成"蛇吞象"的壮举。光线传媒看准了猫眼电影的稀缺性价值——作为国内一站式电影互联网平台的头部企业，猫眼电影可以为光线传媒提供一个极具想象力的出口。然而，互联网平台模式一直存在"叫好不叫座"的缺陷，流量并没能转换成生产力，反而成为持续烧钱的"黑洞"，加之新冠病毒感染的来袭使得全行业都面临灭顶之灾，这笔收购案例对光线传媒到底是"如虎添翼"还是"饮鸩止渴"，都存在未知数。

"它山之石可以攻玉"——对其他行业的启迪

尽管选择了不同的道路，面临着不同的风险，二者的路径似乎都不尽善尽美。前者将"以人为本"走向极端，后者将"产业逻辑"贯彻到底，两家企业基于自身特点选择了不同的"破壁之旅"。但必须要承认的是，二者对上市公司资本运作的理解本质上没有脱离其行业特点，并且坚持了其决策的底层逻辑。

华谊兄弟"以人为本"的资本运作逻辑本质上聚焦于影视业的内容价值。不同于制造业，影视业的产品为项目制，每个产品都是不可复制、不可重现的，每个作品诞生前其价值都具有不确定性，即便某个作品获得了市场的认可，也难以保证未来还会有同样的作品出炉（2015 年的开心麻花就是例子）。而华谊兄弟开启成功之门的钥匙则瞄准了可以保证高质量产出的"人"，进而获得了更好的内容生产"原料"以及投资优质内容的渠道。

光线传媒则是赌上了一条符合时代特点的路——"影视作品＋互联网"，这种纵向一体化的逻辑显然是看准了互联网平台的"刚性需求"。可以说，华谊兄弟从供给侧进军，光线传媒则直接从需求端切入，都是符合自身资深禀赋和认知范围的。这固然需要操盘人对行业玩法的深入理解，对资本市场规则的了如指掌以及对商业本质发展规律的精准预判。无论是华谊兄弟还是光线传媒，都具备上述基础，而这些确实值得各个行业的上市公司参考。比如如何绑定"人"的价值，也不仅是传媒业的关注重心，对于越来越重视企业家精神、管理层价值和核心技术人员水平的现代化企业，也是不可绕过的课题；又比如如何通过金融工具用杠杆收购上下游企业，实现产业协同。

在认知水平和技术手段之上，在如今提倡企业社会责任的大背景下，也不能违反大众观感，过分在红线边缘"大鹏展翅"。华谊兄弟的溢价收购，光线传媒的扩张并购，在一定程度上都体现了资本的"冷酷"，用市场上融来的外部资金来赌公司的未来命运，成功就与外部投资者和上市公司共享胜利果实，失败则由外部投资者和上市公司承担减值后果，背后的实际控股人则用较低的筹码从容调配各方资源，这也值得资本市场从业人员多多思考。